효과적인 교재 학습을 위해
부모님께서는 이렇게 도와주세요!

하나 아이와 함께 하는 것이 무엇보다 중요합니다.

취학 전 아동의 경우 글을 읽거나 문제 풀이 활동이 익숙하지 않으므로, 혼자서 교재를 보고 공부하는 것이 쉽지 않습니다. 특히 본 교재는 글 읽기가 중요합니다. 독서 경험이 풍부한 아이라면 큰 어려움이 없겠지만 대부분 아이들은 글 읽기가 아직은 서툴고 어렵습니다. 따라서 부모님께서 교재에 나와 있는 지문이나 문제를 아이에게 직접 읽어 주시는 것이 좋습니다. 그런 다음 아이도 소리 내어 글을 읽을 수 있도록 지도해 주시기 바랍니다. 문제를 풀 때도 정답에 제시된 문제 풀이 방법과 지도 방법을 참조하여 아이와 서로 이야기하는 것이 학습 효과를 높이는 데 많은 도움이 됩니다.

둘 꾸준함이 좋은 공부 습관을 만듭니다.

어휘력과 독해력은 글을 읽을 때 정확하고 꼼꼼하게 읽는 정독 습관을 통해 형성됩니다. 이 말은 바꿔 이야기하면 정독 습관이 제대로 형성되지 않으면 어휘력과 독해력을 향상시키기가 쉽지 않다는 것입니다. 습관을 들이기 위해서는 꾸준하고 지속적인 훈련이 필요합니다. 따라서 본 교재를 볼 때 매일 1차시 정도의 분량을 꾸준히 학습할 수 있게 지도해 주시기 바랍니다.

셋 천천히 여유를 가지고 지켜봐 주세요.

아이와 문제를 풀다보면 방금 읽은 내용인데도 잊어버리고 헤매는 경우를 많이 경험해 보았을 것입니다. 그런 경우 답답하다고 아이를 다그치거나 좋지 못한 소리를 하면 아이들은 위축되고 스트레스를 받아 오히려 학습 의욕이 떨어지게 됩니다. 읽은 글의 내용이 잘 생각나지 않으면 다시 천천히 꼼꼼하게 읽어 보게 하세요. 그리고 시간에 쫓기 듯 문제를 풀게 하지 마시고 아이에게 충분히 생각할 시간을 주고 스스로 문제를 해결할 수 있도록 여유를 가지고 지켜봐 주세요.

넷 책 읽기가 어휘력과 독해력의 기본임을 잊지 마세요.

공습국어를 통해서 다양한 주제를 가진 여러 갈래의 글들을 접할 수 있고, 문제 풀이를 통해 어휘력과 독해력을 키울 수 있지만, 어휘력과 독해력의 기본은 다양하고 풍부한 독서 체험입니다. 교재 학습은 보조적 수단입니다. 궁극적으로는 아이가 책을 좋아하도록 만들어야 합니다.
아이가 흥미를 가질 만한 내용이 담긴 책을 부모님께서 꾸준히 읽어주고 책의 내용에 대해 자유롭게 대화를 나눠 보세요. 아이와 책이 가까워지는 데 많은 도움이 될 것입니다.

공습국어
구성 미리보기

예비초등 공습국어는 한 마당이 다섯 개의 차시로 구성되어 있어 하루에 한 차시씩 학습할 때 1주일 정도가 소요됩니다. 따라서 매일 한 차시씩 꾸준히 진도를 나갈 경우 3주면 1권을 마무리할 수 있습니다.

부모님께
이번 마당에 나오는 글들이 초등 1~2학년 과목에서 어떤 주제에 해당하는지 소개하고 학습 지도 방법을 설명합니다.

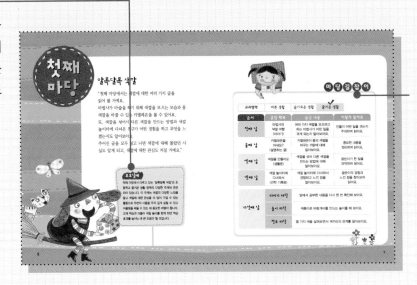

마당 길잡이
이번 마당의 교과 영역과 각 차시별 글의 갈래와 내용, 그리고 글을 읽는 방법을 보여 줍니다. 처음 마당을 시작할 때 이곳을 통해 마당의 전체적인 내용을 확인하세요.

글을 읽어요
각 차시별로 문제를 풀기 위해 읽어야 할 글입니다. 부모님께서 먼저 읽어주시고, 그 다음 아이가 소리 내어 읽게 해 주세요. 그리고 읽을 때는 글의 내용을 생각하며 천천히 꼼꼼하게 읽어야 합니다.

낱말 쏙쏙
글에 나온 낱말 중 아이들이 조금 어려워할 만한 낱말이나 소리나 모양 등을 흉내 내는 낱말의 뜻을 풀어서 설명합니다.

국어뿐만 아니라 다른 과목을 공부하는 데 있어 가장 기초가 되는 것은 글을 읽고 내용을 파악하는 힘입니다. 학교에서 배우는 모든 과목은 알다시피 우리말의 낱말과 문장으로 이루어져 있습니다. 따라서 글을 읽고 내용을 이해하는 데 어려움이 없다면 아무리 배경 지식이 없는 낯선 내용이라도 충분히 글의 내용을 자신의 것으로 정리해 낼 수 있습니다.

글을 읽고 내용을 파악하는 데 핵심이 되는 능력은 어휘력과 독해력입니다. 그리고 어휘력과 독해력을 키우는 데 가장 좋은 것은 무엇보다도 꾸준한 독서 습관입니다. 평소에 책 읽기를 좋아하고 여러 분야의 책을 많이 읽은 아이라면 어휘력과 독해력이 다른 아이에 비해 부족함이 없을 것입니다.

하지만 절대적인 독서량이 부족하고 책을 읽더라도 정독하지 못하고 글의 내용이나 주제를 파악하는 데 서툰 아이라면 독서 방법이나 습관을 개선하기 위한 별도의 교육이 필요합니다. 가장 효과적인 교육 방법은 부모님이 아이에게 책을 읽어 주는 것입니다. 책 읽어 주기는 아이 스스로 책에 대한 거부감을 없애고 책을 좋아하게 만들기 위해 부모가 해야 할 기본적인 역할입니다.

책 읽어 주기와 더불어 짧은 글을 읽고 글의 내용을 파악하는 훈련을 지속적으로 해 주세요. 이것은 정독 습관을 길러주기 위한 것으로, 주어진 문제를 해결하기 위해서는 짧은 글이라도 꼼꼼하게 읽어야 한다는 것을 아이가 깨닫도록 하기 위함입니다. 예비초등 공습국어를 활용하면 이 훈련을 효과적으로 진행하는데 많은 도움이 될 것입니다.

이렇게 책을 좋아하고 정독하는 습관을 갖게 된다면 아이의 어휘력과 독해력은 점점 탄탄해질 것입니다. 특히 초등 입학 전부터 어휘력과 독해력을 착실하게 다져 놓는다면 학교 공부를 따라가는 데 큰 부담을 덜 수 있을 뿐 아니라 실력면에서도 한 발 더 앞서나가는 아이가 될 것입니다.

예비초등 공습국어의 특징

하나 흥미롭고 유익한 글감이 가득!

우리 주변의 소소한 일상에서부터 알쏭달쏭 신기한 자연 현상에 이르기까지 아이들이 알아 두면 좋을 여러 가지 이야기를 아기자기한 그림과 함께 수록하였습니다. 또한 같은 주제에 해당하는 글들을 동화, 동요, 일기, 편지, 설명문 등 다양한 형식으로 구성하여 갈래별로 글의 특징을 맛볼 수 있도록 했습니다.

둘 미리 체험해보는 초등 1, 2학년!

각 마당별 글감들은 초등 1~2학년 교과인 바른 생활, 슬기로운 생활, 즐거운 생활 영역의 활동 주제들로 구성하였습니다. 이를 통해 취학 전에 1~2학년 교과 주제와 관련된 내용을 미리 체험할 수 있습니다.

셋 어휘와 독해 훈련을 한번에!

초등용 공습국어가 어휘와 독해로 나누어져 있다면 예비초등 공습국어는 어휘와 독해를 한 교재 안에서 공부할 수 있도록 구성했습니다. 이를 통해 어휘와 독해 어느 한쪽에 치우치지 않고 고르게 학습할 수 있습니다.

넷 학습 지도를 위한 문제 풀이 및 해설!

교재에 들어 있는 별도의 정답지를 통해 문제에 대한 해설과 문제 풀이를 위한 학습 지도 요령을 확인할 수 있습니다. 집에서 아이와 교재 학습을 진행할 때 참고하면 많은 도움이 될 것입니다.

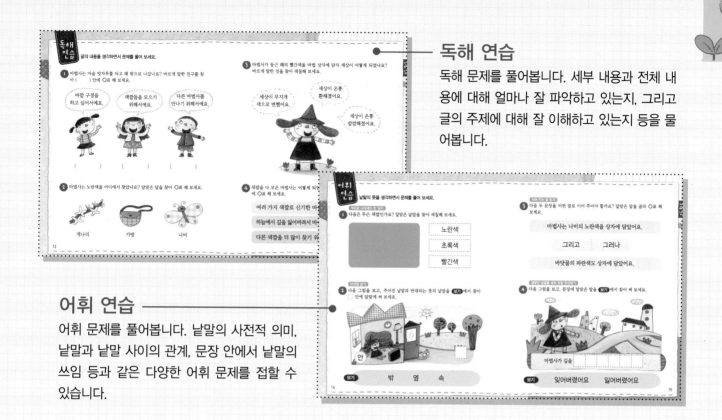

독해 연습

독해 문제를 풀어봅니다. 세부 내용과 전체 내용에 대해 얼마나 잘 파악하고 있는지, 그리고 글의 주제에 대해 잘 이해하고 있는지 등을 물어봅니다.

어휘 연습

어휘 문제를 풀어봅니다. 낱말의 사전적 의미, 낱말과 낱말 사이의 관계, 문장 안에서 낱말의 쓰임 등과 같은 다양한 어휘 문제를 접할 수 있습니다.

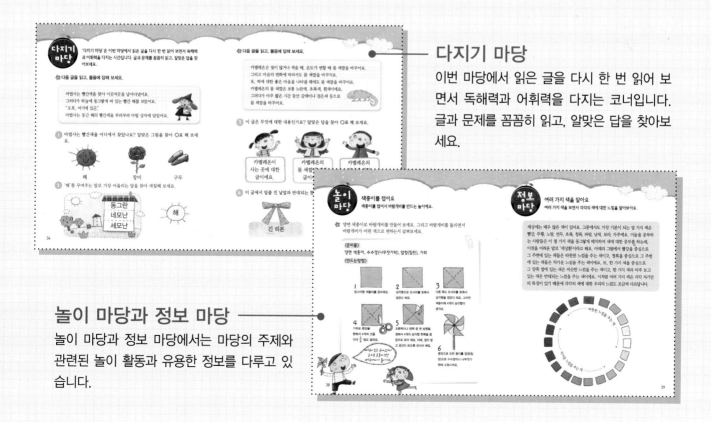

다지기 마당

이번 마당에서 읽은 글을 다시 한 번 읽어 보면서 독해력과 어휘력을 다지는 코너입니다. 글과 문제를 꼼꼼히 읽고, 알맞은 답을 찾아보세요.

놀이 마당과 정보 마당

놀이 마당과 정보 마당에서는 마당의 주제와 관련된 놀이 활동과 유용한 정보를 다루고 있습니다.

권별 구성과 교과 연계 보기

예비초등 공습국어의 각 마당은 초등 1~2학년 교과인 바른 생활, 슬기로운 생활, 즐거운 생활의 주제와 서로 연관이 되어 있습니다. 초등 교과목과의 연계를 통해 아이들은 미리 학교에서 배우게 될 내용들을 간접적으로 체험할 수 있습니다.

권	마당	제목	과목	주제
1권	첫째 마당	신 나는 동요	즐거운 생활	동요를 부르는 즐거움
	둘째 마당	화목한 가족	슬기로운 생활	가족 구성원과 가족의 소중함
	셋째 마당	올바른 생활 습관	바른 생활	생활 습관의 중요성
2권	첫째 마당	알록달록 색깔	즐거운 생활	색깔의 종류와 다양한 느낌
	둘째 마당	소중한 친구	바른 생활	바람직한 친구 관계
	셋째 마당	정다운 우리 마을	슬기로운 생활	우리 마을과 함께 사는 이웃
3권	첫째 마당	즐거운 운동과 놀이	즐거운 생활	여러 가지 놀이와 운동
	둘째 마당	다 함께 지켜요	바른 생활	공공장소에서의 바른 행동
	셋째 마당	신기한 우리 몸	슬기로운 생활	우리 몸에서 일어나는 현상
4권	첫째 마당	정다운 인사	바른 생활	상황에 알맞은 인사법
	둘째 마당	흥겨운 악기	즐거운 생활	음악의 여러 요소와 악기
	셋째 마당	와글와글 시장	슬기로운 생활	가게와 물건의 필요성
5권	첫째 마당	재미있는 연극과 흥겨운 춤	즐거운 생활	다양한 놀이와 느낌의 표현
	둘째 마당	자랑스러운 우리나라	바른 생활	우리나라를 상징하는 것
	셋째 마당	계절과 생활	슬기로운 생활	사계절 속 사람과 동식물의 생활
6권	첫째 마당	낮과 밤	슬기로운 생활	낮과 밤의 변화와 하루 일과
	둘째 마당	흥겨운 민속놀이	즐거운 생활	민속놀이의 즐거움과 조상의 삶
	셋째 마당	아름다운 환경	바른 생활	환경의 중요성과 실천 방법
7권	첫째 마당	왁자지껄 소리	즐거운 생활	소리의 구별과 표현
	둘째 마당	동식물은 내 친구	슬기로운 생활	동식물 기르기와 생명 존중의 마음
	셋째 마당	재미있는 숫자	수학	숫자와 수의 순서

차례

첫째 마당

알록달록 색깔

둘째 마당

소중한 친구

셋째 마당

정다운 우리 마을

첫째 마당

알록달록 색깔

"첫째 마당에서는 색깔에 대한 여러 가지 글을 읽어 볼 거예요.

마법사가 마술을 하기 위해 색깔을 모으는 모습과 몸 색깔을 바꿀 수 있는 카멜레온을 볼 수 있어요.

또, 색깔을 섞어서 다른 색깔을 만드는 방법과 색깔 놀이터에 다녀온 친구가 어떤 경험을 하고 무엇을 느 꼈는지도 알아보아요.

주어진 글을 모두 읽고 나면 색깔에 대해 몰랐던 사 실도 알게 되고, 색깔에 대한 관심도 커질 거예요."

부모님께

첫째 마당에서 다루고 있는 '알록달록 색깔'은 초 등학교 즐거운 생활 영역의 다양한 주제와 연관 되어 있습니다. 이 주제는 색깔의 다양한 느낌을 알고 색깔에 대한 관심을 더 많이 가질 수 있는 활동으로 주변의 사물을 주의 깊게 살필 수 있고 어울림을 배울 수 있는 데 중요한 바탕이 됩니다. 교재 학습과 더불어 색칠 놀이를 함께 하면 학습 효과를 높이는 데 큰 도움이 될 것입니다.

마당길잡이

교과영역	바른 생활	슬기로운 생활	✔ 즐거운 생활

순서	글감 제목	글감 내용	이렇게 읽어요
첫째 날	마법사의 색깔 여행 (이야기)	여러 가지 색깔을 모으려고 하는 마법사가 어떤 일을 겪게 되는지 알아보아요.	인물이 어떤 일을 겪는지 주의하며 읽어요.
둘째 날	카멜레온을 아세요? (설명하는 글)	카멜레온이 몸의 색깔을 바꾸는 까닭에 대해 알아보아요.	중요한 내용을 정리하며 읽어요.
셋째 날	색깔을 만들어요 (생활문)	색깔을 섞어 다른 색깔을 만드는 방법에 대해 알아보아요.	글쓴이가 한 일을 파악하며 읽어요.
넷째 날	색깔 놀이터에 다녀와서 (견학 기록문)	색깔 놀이터에 다녀와서 경험하고 느낀 점을 알아보아요.	글쓴이의 경험과 느낀 점을 찾아보며 읽어요.

다섯째 날	다지기 마당	앞에서 공부한 내용을 다시 한 번 확인해 보아요.
	놀이 마당	색종이로 바람개비를 만드는 놀이를 해 보아요.
	정보 마당	열 가지 색을 살펴보면서 색끼리의 관계를 알아보아요.

마법사의 색깔 여행

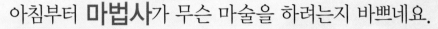

아침부터 **마법사**가 무슨 마술을 하려는지 바쁘네요.

"음, 오늘 마술을 하려면 아무래도 색깔들이 필요하겠어."

마법사가 마술 빗자루를 타고 밖으로 나갔어요.

"오호, 저기 있군."

마법사가 나뭇잎들의 초록색을 마법 상자에 담았어요.

그러고는 여기저기를 살펴보며 노란색을 찾았어요.

"아, 저기 노란 나비가 있네."

마법사는 나비의 노란색도 마법 상자에 담았어요.

그리고 바닷물의 파란색도 마법 상자에 담았어요.

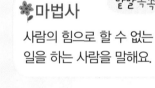

❀마법사

사람의 힘으로 할 수 없는
일을 하는 사람을 말해요.

"다 된 건가? 저런! 빨간색이 없군."
마법사는 빨간색을 찾아 이곳저곳을 날아다녔어요.
그러다가 하늘에 동그랗게 떠 있는 빨간 해를 보았어요.
"오호, 여기에 있군."
마법사는 둥근 해의 빨간색을 부랴부랴 마법 상자에 담았어요.
어! 그런데 어쩌지요?
둥근 해의 빨간색이 사라지니 세상이 온통 깜깜해졌어요.
마법사는 검은색이 되어 버린 하늘에서 길을 잃어버렸어요.
어떤 마술도 부리지 못하고 말이에요.

🌸부랴부랴   낱말쏙쏙
급하게 서두르는 모양을
말해요.

11

글의 내용을 생각하면서 문제를 풀어 보세요.

1 마법사는 마술 빗자루를 타고 왜 밖으로 나갔나요? 바르게 말한 친구를 찾아 (   ) 안에 ◯표 해 보세요.

바깥 구경을 하고 싶어서예요.

색깔들을 모으기 위해서예요.

다른 마법사를 만나기 위해서예요.

(   )   (   )   (   )

2 마법사는 노란색을 어디에서 찾았나요? 알맞은 답을 찾아 ◯표 해 보세요.

개나리   가방   나비

3 마법사가 둥근 해의 빨간색을 마법 상자에 담자 세상이 어떻게 되었나요? 바르게 말한 것을 찾아 색칠해 보세요.

4 색깔을 다 모은 마법사는 어떻게 되었나요? 바르게 말한 답을 찾아 ○ 안에 ○표 해 보세요.

여러 가지 색깔로 신기한 마술을 부렸어요.	○
하늘에서 길을 잃어버려서 마술을 부리지 못했어요.	○
다른 색깔을 더 많이 찾기 위해 계속 날아다녔어요.	○

낱말의 뜻을 생각하면서 문제를 풀어 보세요.

색깔을 나타내는 말 알기

1 다음은 무슨 색깔인가요? 알맞은 낱말을 찾아 색칠해 보세요.

노란색

초록색

빨간색

반대말 알기

2 다음 그림을 보고, 주어진 낱말과 반대되는 뜻의 낱말을 **보기** 에서 찾아 ┆ ┆ 안에 알맞게 써 보세요.

보기   박   옆   속

이어 주는 말 알기

3 다음 두 문장을 어떤 말로 이어 주어야 할까요? 알맞은 말을 골라 ◯표 해 보세요.

마법사는 나비의 노란색을 상자에 담았어요.

그리고 　 그러나

바닷물의 파란색도 상자에 담았어요.

알맞은 낱말을 넣어 문장 완성하기

4 다음 그림을 보고, 문장에 알맞은 말을 보기 에서 찾아 써 보세요.

마법사가 길을 　　　　　　　.

보기 　 잊어버렸어요 　 잃어버렸어요

카멜레온을 아세요?

카멜레온은 아프리카에 많이 살고 있는 동물이에요.

카멜레온의 특징은 양쪽 눈을 따로 움직이면서

주위를 살피거나 먹이를 찾는 것이에요.

그런데 그보다 더 큰 특징이 있어요.

바로 몸 색깔을 여러 가지로 바꿀 수 있는 것이에요.

많은 사람들이 카멜레온이 몸 색깔을 바꾸는 것을

주변의 위험한 것들로부터 자기를 **보호**하기 위해서라고 생각해요.

하지만 카멜레온이 몸 색깔을 바꾸는 까닭은 그것뿐만이 아니에요.

낱말쏙쏙

✿보호

위험한 일이 생기지 않게 지켜 주는 것을 말해요.

카멜레온은 빛이 많거나 적을 때,
온도가 변할 때 몸 색깔을 바꾸어요.
그리고 마음의 변화에 따라서도 몸 색깔을 바꾸지요.
또, 짝에 대한 좋은 마음을 나타낼 때에도 몸 색깔을 바꾸어요.
카멜레온의 몸 색깔은 보통 노란색, 초록색, 흰색이에요.
그러다가 아주 짧은 시간 동안 갈색이나 검은색 등으로
몸 색깔을 바꾸어요.
그래서 사람들은 마음이나 모습을 자꾸 바꾸는 사람에게
'카멜레온 같다.'라는 말을 많이 한답니다.

낱말쏙쏙
🌸온도
따뜻하거나 차가운 것을
숫자로 나타내는 것을 말해요.

17

글의 내용을 생각하면서 문제를 풀어 보세요.

1 이 글은 어떤 동물에 대한 내용인가요? 알맞은 그림을 찾아 ◯표 해 보세요.

개구리   악어   카멜레온

2 카멜레온의 특징은 무엇인가요? 바르게 말한 친구를 모두 찾아 (   )
안에 ◯표 해 보세요.

양쪽 눈을 따로
움직일 수 있어요.

몸의 색깔을 바꿀
수 있어요.

겨울잠을 자요.

(   )   (   )   (   )

3 카멜레온이 몸 색깔을 바꾸는 까닭은 무엇인가요? 알맞은 답에는 빨간색을 칠하고, 알맞지 <u>않은</u> 답에는 노란색을 색칠해 보세요.

자기를 보호하기 위해서예요.	먹이를 찾기 위해서예요.	빛이나 온도의 변화 때문이에요.
	짝에 대한 좋은 마음을 표현하기 위해서예요.	

4 이 글의 내용을 떠올리며, 앞의 내용과 어울리는 뒤의 내용을 찾아 바르게 연결해 보세요.

카멜레온이 몸의 색깔을 바꾸는 것은 •

• '카멜레온 같다.' 라고 말해요.

마음이나 모습을 자꾸 바꾸는 사람을 •

• 여러 가지 까닭이 있어요.

낱말의 뜻을 생각하면서 문제를 풀어 보세요.

반대말 알기

1 다음 그림에 알맞은 낱말을 보기 에서 찾아 써 보세요.

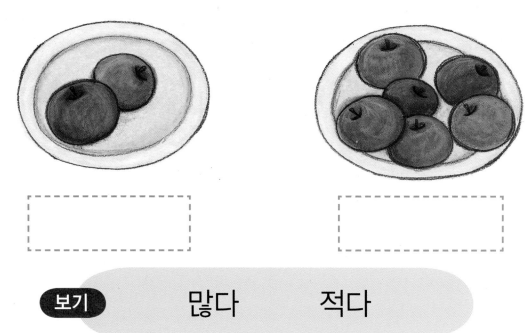

보기   많다   적다

표현하는 말 알기

2 다음 낱말들을 모두 포함할 수 있는 말을 골라 색칠해 보세요.

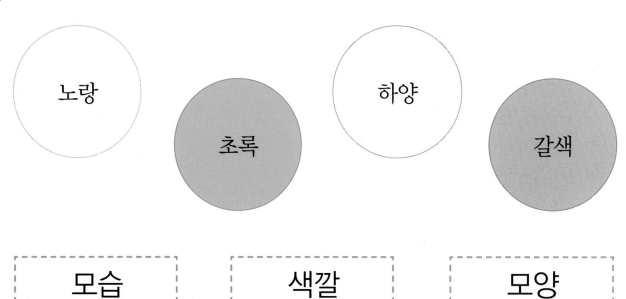

노랑   초록   하양   갈색

모습   색깔   모양

동작을 나타내는 말 알기

3 다음 그림을 보고, 알맞은 말을 찾아 (   ) 안에 ○표 해 보세요.

카멜레온이 주변을
(살펴요 / 찾아요).

카멜레온이 몸 색깔을
(바꾸어요 / 보호해요).

낱말을 순서대로 넣어 문장 완성하기

4 다음 주어진 낱말들을 순서대로 써 넣어 한 문장을 만들어 보세요.

바꾸어요.	몸의	색깔을

색깔을 만들어요

솔이는 미술 시간이 가장 좋아요.
그림 그리기와 만들기를 좋아하거든요.
오늘은 여러 가지 색을 만들어 볼 거예요.
책상 위에 빨강, 노랑, 파랑 크레파스가 놓여 있어요.
선생님께서는 세 가지 색깔로
일곱 가지 색깔을 만들어 보자고 하셨어요.
세 가지 색깔로 어떻게 일곱 가지 색깔을 만들 수 있을까요?
솔이는 **궁금해서** 빨리 만들어 보고 싶었어요.

낱말쏙쏙

❀궁금해서
 (궁금하다)
무엇을 알고 싶어 하라는
뜻이에요.

22

선생님께서 **도화지**에 빨강을 칠하고,
그 위에 노랑을 칠하라고 하셨어요.
우아, 빨강 위에 노랑을 칠하니까 주황이 되었어요.
그리고 파랑 위에 노랑을 칠하니까 초록이 되었어요.
또, 빨강 위에 파랑을 칠하니까 보라가 되었지요.
빨강, 노랑, 파랑, 주황, 초록, 보라. 여섯 가지 색깔이 만들어졌어요.
마지막으로 빨강, 노랑, 파랑 크레파스를 모두 섞어서 색칠했어요.
이번에는 무슨 색깔이 만들어졌을까요? 바로 검정이에요.
정말 재미있는 색깔 만들기 놀이예요.

낱말쏙쏙

✿**도화지**
그림을 그리는 데 쓰는
종이를 말해요.

글의 내용을 생각하면서 문제를 풀어 보세요.

1 언제 있었던 일을 쓴 글인가요? 알맞은 답을 찾아 (   ) 안에 ○표 해 보세요.

미술 시간   독서 시간   음악 시간

(   )   (   )   (   )

2 처음에 책상 위에 놓여 있었던 크레파스는 무엇무엇인지 모두 골라 ○표 해 보세요.

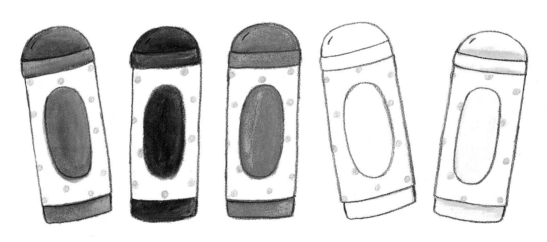

3 선생님께서는 세 가지 색깔의 크레파스로 몇 가지 색깔을 만들어 보자고 하셨나요? 바르게 말한 친구를 찾아 ( ) 안에 〇표 해 보세요.

세 가지예요. 다섯 가지예요. 일곱 가지예요.

( )   ( )   ( )

4 두 가지 색깔을 같이 칠하면 어떤 색이 만들어지나요? 알맞은 색을 찾아 연결해 보세요.

빨강 + 노랑 •   • 보라

파랑 + 노랑 •   • 초록

빨강 + 파랑 •   • 주황

낱말의 뜻을 생각하면서 문제를 풀어 보세요.

1 다음 그림에 어울리는 낱말을 **보기** 에서 골라 써 보세요.

⬚⬚⬚ 와 크레파스

⬚⬚⬚ 과 학생

보기 선생님   도화지

2 다음 문장에 어울리는 낱말을 찾아 ( ) 안에 ○표 해 보세요.

솔이는 어떤 색이 만들어질까 (궁금해요 / 좋아요).

솔이는 미술 시간이 가장 (궁금해요 / 좋아요).

반대말 알기

3 다음 그림을 보고, 밑줄 친 낱말과 반대되는 뜻의 낱말을 **보기** 에서 찾아 써 보세요.

천천히 기어가요.   ⬚   뛰어가요.

보기   빨리   느리게

상태를 나타내는 말 알기

4 다음 그림에 어울리는 낱말을 모두 찾아 색칠해 보세요.

즐거워요.   재밌어요.   심심해요.

색깔 놀이터에 다녀와서

가족과 함께 색깔 놀이터에 다녀왔다.

먼저 나와 동생은 '색으로 이야기해요' 방에 들어갔다.

선생님께서 색에 대해 여러 가지를 말씀하고 계셨다.

그곳에서 나는 똑같은 색깔과 크기의 동그라미도

바탕색이 무엇인지에 따라

동그라미의 크기가 달라 보인다는 것을 알게 되었다.

또, 빨강처럼 따뜻해 보이는 색과

파랑처럼 차가워 보이는 색이 있다는 것도 알게 되었다.

낱말쏙쏙

❀ 바탕색

그림의 바닥이나 주변에
색칠되어 있는 색을 말해요.

'색으로 즐겨요' 방에는 커다란 자동차가 있었다.

손바닥에 여러 가지 색의 물감을 묻혀서 자동차에 찍으며 놀았다.

노랑 자동차가 어느새 **알록달록**한 자동차가 되었다.

색을 다 칠하고 나서는 걸레로 자동차에 묻은 물감을 닦았다.

다른 친구들이 자동차에 다시 색칠할 수 있도록 하기 위해서이다.

'색으로 느껴요' 방에서는 별들이 여러 가지 색깔로 빛나고 있었다.

또, 바다를 가득 채운 파란색 때문에

정말로 바다에 온 것 같은 느낌이 들었다.

색깔 놀이터에서 놀면서,

색깔에 대해 더 많이 알게 되고, 재미를 느낄 수 있었다.

🌸 **알록달록** 낱말쏙쏙

여러 가지 색깔들이 자유롭게
모양을 이룬 것을 말해요

29

글의 내용을 생각하면서 문제를 풀어 보세요.

1 이 글은 어디를 다녀와서 쓴 글인가요? 바르게 말한 친구를 찾아 (　　　) 안에 ◯표 해 보세요.

어린이 놀이터에
다녀와서 쓴
글이에요.

미술 학원에
다녀와서 쓴
글이에요.

색깔 놀이터에
다녀와서 쓴
글이에요.

(　　　)　　　(　　　)　　　(　　　)

2 색깔 놀이터에서는 어떤 것들을 할 수 있나요? 바르게 말한 것을 모두 찾아 ◌ 안에 색칠해 보세요.

 여러 가지 색의 크레파스를 만들 수 있어요. ◯

 색깔에 대한 이야기를 들을 수 있어요. ◯

 손바닥에 물감을 묻혀서
자동차에 찍을 수 있어요. ◯

3 이 글의 '나'가 '색으로 즐겨요' 방에서 한 놀이는 무엇인가요? 알맞은 모습을 찾아 (   ) 안에 ◯표 해 보세요.

(   )   (   )   (   )

4 이 글의 '나'가 색깔 놀이터에서 놀면서 생각한 점은 무엇인가요? 바르게 말한 답을 모두 찾아 색칠해 보세요.

색깔에 대해 더 많이 알게 되었다.

색깔에 대해 재미를 느낄 수 있었다.

색깔 놀이터에 또 오고 싶다는 생각을 하였다.

낱말의 뜻을 생각하면서 문제를 풀어 보세요.

높임말 알기

1 다음 문장에 어울리는 낱말을 찾아 (　　　　) 안에 〇표 해 보세요.

 선생님(이 / 께서) 색깔에 대하여
여러 가지를 (말씀하셨다 / 말하였다).

상태를 나타내는 말 알기

2 다음 그림에 어울리는 낱말을 바르게 연결해 보세요.

　　•　　•　따뜻해요.

　　•　　•　차가워요.

사물을 나타내는 말 알기

3 다음 그림에서 화살표가 가리키는 신체 부위에 어울리는 낱말을 찾아 색칠해 보세요.

| 손바닥 | 손등 | 발바닥 |

어울리는 말을 넣어 문장 완성하기

4 다음 그림을 보고, 문장에 어울리는 말을 **보기** 에서 찾아 써 보세요.

나는 정말 바다에 온 것 같은

이 들었어요.

보기   사실   느낌

33

**다지기 마당**

'다지기 마당'은 이번 마당에서 읽은 글을 다시 한 번 읽어 보면서 독해력과 어휘력을 다지는 시간입니다. 글과 문제를 꼼꼼히 읽고, 알맞은 답을 찾아보세요.

🌸 다음 글을 읽고, 물음에 답해 보세요.

마법사는 빨간색을 찾아 이곳저곳을 날아다녔어요.
그러다가 하늘에 동그랗게 떠 있는 빨간 해를 보았어요.
"오호, 여기에 있군."
마법사는 둥근 해의 빨간색을 부랴부랴 마법 상자에 담았어요.

1 마법사는 빨간색을 어디에서 찾았나요? 알맞은 그림을 찾아 ○표 해 보세요.

해   장미   구두

2 '해'를 꾸며주는 말로 가장 어울리는 말을 찾아 색칠해 보세요.

동그란
네모난
세모난

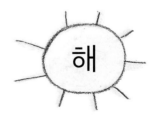
해

✿ 다음 글을 읽고, 물음에 답해 보세요.

카멜레온은 빛이 많거나 적을 때, 온도가 변할 때 몸 색깔을 바꾸어요.
그리고 마음의 변화에 따라서도 몸 색깔을 바꾸지요.
또, 짝에 대한 좋은 마음을 나타낼 때에도 몸 색깔을 바꾸어요.
카멜레온의 몸 색깔은 보통 노란색, 초록색, 흰색이에요.
그러다가 아주 짧은 시간 동안 갈색이나 검은색 등으로
몸 색깔을 바꾸어요.

3 이 글은 무엇에 대한 내용인가요? 알맞은 답을 찾아 ◯표 해 보세요.

카멜레온이
사는 곳에 대한
글이에요.

카멜레온의
몸 색깔에 대한
글이에요.

카멜레온의
먹이에 대한
글이에요.

4 이 글에서 밑줄 친 낱말과 반대되는 뜻의 낱말을 찾아 써 보세요.

긴 리본

□□ 리본

✿ 다음 글을 읽고, 물음에 답해 보세요.

> 선생님께서 도화지에 빨강을 칠하고, 그 위에 노랑을 칠하라고 하셨어요.
> 우아, 빨강 위에 노랑을 칠하니까 주황이 되었어요.
> 그리고 파랑 위에 노랑을 칠하니까 초록이 되었어요.
> 또, 빨강 위에 파랑을 칠하니까 보라가 되었지요.
> 빨강, 노랑, 파랑, 주황, 초록, 보라, 여섯 가지 색깔이 만들어졌어요.

5 초록을 만들려면 어떤 색깔을 같이 칠해야 하나요? 알맞은 색깔을 모두 찾아 (　　　) 안에 〇표 해 보세요.

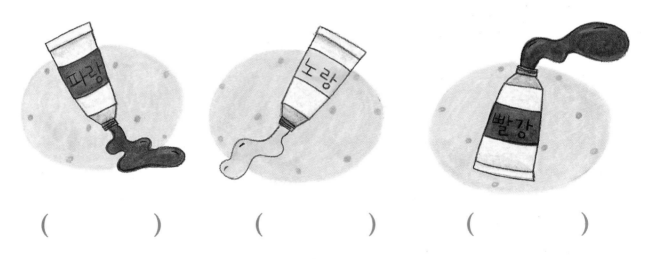

(　　　　　)　　　　(　　　　　)　　　　(　　　　　)

6 다음 중에서 색깔을 나타낸 낱말이 **아닌** 것을 찾아 〇표 해 보세요.

주황　　　보라

깜깜　　　초록

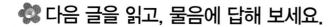 다음 글을 읽고, 물음에 답해 보세요.

'색으로 즐겨요' 방에는 커다란 자동차가 있었다.

손바닥에 여러 가지 색의 물감을 묻혀서 자동차에 찍으며 놀았다.

노랑 자동차가 어느새 알록달록한 자동차가 되었다.

색을 다 칠하고 나서는 걸레로 자동차에 묻은 물감을 닦았다.

다른 친구들이 자동차에 다시 색칠할 수 있도록 하기 위해서이다.

7 자동차에 색을 다 칠하고 나서 걸레로 자동차에 묻은 물감을 닦은 까닭을 찾아 ◌ 안에 색칠해 보세요.

 다른 친구들이 자동차에 색칠할 수 있도록 하기 위해서

 자동차에 다시 색칠하는 놀이를 하기 위해서

 자동차에 색칠한 색깔들이 마음에 들지 않아서

8 다음 그림에서 '알록달록'이라는 낱말과 어울리는 그림을 찾아 ◯표 해 보세요.

놀이마당

색종이를 접어요
색종이를 접어서 바람개비를 만드는 놀이예요.

❀ 양면 색종이로 바람개비를 만들어 보세요. 그리고 바람개비를 돌리면서 바람개비가 어떤 색으로 변하는지 살펴보세요.

〈준비물〉
양면 색종이, 수수깡(나무젓가락), 압정(침핀), 가위

〈만드는방법〉

1 정사각형 색종이를 준비해요.

2 삼각형으로 모서리를 맞춰서 접었다 펴요.

3 다른 쪽도 모서리를 맞춰서 삼각형을 접었다 펴요. 그러면 색종이에 4개의 삼각형이 생겨요.

4 가위로 중앙을 향해서 4개의 선을 각각 $\frac{3}{4}$ 정도 잘라요.

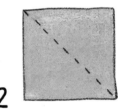

5 오른쪽이나 왼쪽 중 한 방향을 정해서 4개의 삼각형 한쪽을 중앙으로 모아 줘요. 이때, 접지 말고 공간이 뜨도록 모아야 해요.

6 중앙으로 모은 종이를 압정(침핀)으로 수수깡이나 나무젓가락에 고정시켜요.

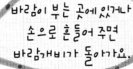
바람이 부는 곳에 있거나 손으로 흔들어 주면 바람개비가 돌아가요.

여러 가지 색을 알아요
여러 가지 색을 보면서 각각의 색에 대한 느낌을 알아보아요.

세상에는 매우 많은 색이 있어요. 그중에서도 가장 기본이 되는 열 가지 색은 빨강, 주황, 노랑, 연두, 초록, 청록, 파랑, 남색, 보라, 자주예요. 미술을 공부하는 사람들은 이 열 가지 색을 동그랗게 배치하여 색에 대한 공부를 하는데, 이것을 어려운 말로 '색상환'이라고 해요. 아래의 그림에서 빨강을 중심으로 그 주변에 있는 색들은 따뜻한 느낌을 주는 색이고, 청록을 중심으로 그 주변에 있는 색들은 차가운 느낌을 주는 색이에요. 또, 한 가지 색을 중심으로 그 양쪽 옆에 있는 색은 비슷한 느낌을 주는 색이고, 한 가지 색과 마주 보고 있는 색은 반대되는 느낌을 주는 색이에요. 이처럼 여러 가지 색은 각각 자기만의 특징이 있기 때문에 각각의 색에 대한 우리의 느낌도 조금씩 다르답니다.

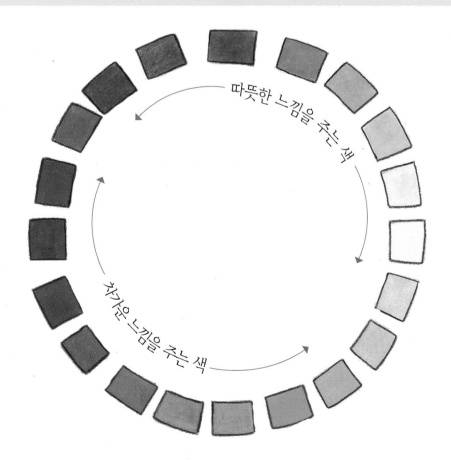

둘째 마당

소중한 친구

"둘째 마당에서는 친구에 대한
여러 가지 글을 읽어 볼 거예요.
친구가 없어 슬퍼하는 꼬마 두더지도 만나고,
친구가 최고라는 걸 알게 된
다연이의 이야기도 함께 읽어요.
또, 진정한 친구란 무엇인지와 친구 사이에
지켜야 할 예의에 대해서도 알아보아요.
주어진 글을 모두 읽고 나면 우리 곁에 있는 친구의
소중함에 대해 좀 더 잘 느끼게 될 거예요."

부모님께

둘째 마당에서 다루고 있는 '소중한 친구'는 초등 1학년 1학기 바른생활 5단원 대주제인 '사이좋은 친구'와 연관되어 있습니다. 이 주제를 통해 아이들은 진정한 친구의 의미를 알고, 친구와 사이좋게 지내는 방법을 배우게 됩니다. 아이들은 친구와의 관계 속에서 사회성을 키우고 남을 배려하는 방법을 알게 됩니다. 부모님께서는 아이가 친구와 어떻게 지내는지 관심을 가지고 꾸준히 지켜봐 주세요.

마당길잡이

| 교과영역 | ✓바른 생활 | 슬기로운 생활 | 즐거운 생활 |

순서	글감 제목	글감 내용	이렇게 읽어요
첫째 날	친구가 하나도 없어 (이야기)	꼬마 두더지의 생각이 어떻게 바뀌었는지를 살펴보면서 친구란 무엇인지 알아보아요.	친구의 의미에 대해 생각하며 읽어요.
둘째 날	친구가 최고야! (생활문)	다연이가 겪은 일을 통해 친구가 최고인 까닭을 알아보아요.	친구와 함께 하면 어떤 점이 좋은지 생각하며 읽어요.
셋째 날	겉모습은 중요하지 않아! (독서 감상문)	글쓴이가 읽은 책의 내용을 통해 진정한 친구란 무엇인지 알아보아요.	글쓴이가 책을 읽고 느낀 점을 생각하며 읽어요.
넷째 날	친구야, 부탁해! (주장하는 글)	글쓴이가 친구에게 부탁하는 친구 사이에 지켜야 할 예의에 대해 알아보아요.	친구 사이에 예의를 지켜야 하는 까닭을 살펴보며 읽어요.

	다지기 마당	앞에서 공부한 내용을 다시 한 번 확인해 보아요.
다섯째 날	놀이 마당	색칠을 해서 숨은 글자 찾기 놀이를 해 보아요.
	정보 마당	친구와 관련 있는 속담에 대해 알아보아요.

친구가 하나도 없어

"왜 그러니, 몽이야? **시무룩해** 보이는데."
엄마가 꼬마 두더지에게 그 까닭을 물었어요.
"같이 놀 친구가 없어요."
꼬마 두더지는 자꾸만 슬퍼졌어요.
"분명히 친구가 있을 거야. 음, 토실이와 꿀복이는 어떠니?"
"토실이는 착해요. 그래서 간식을 잘 나눠 줘요.
꿀복이는 정말 웃겨요. 그래서 재미난 이야기를 잘해 줘요."
"그래? 그럼 벌써 친구가 둘이나 있네. 또 다른 친구는 없니?"
꼬마 두더지는 생각이 나지 않는다는 듯 고개를 갸우뚱거렸어요.

낱말쏙쏙

🌸 **시무룩해**
(시무룩하다)
어떤 일이 못마땅하여 얼굴
빛이 어두운 것을 뜻해요.

42

"동생은? 친구 아니니?"
몽이는 아장아장 걸어다니고,

옹알옹알 말하는 귀여운 몽실이를 생각했어요.
"몽실이를 잊고 있었네. 당연히 몽실이도 친구죠."
몽이는 친구가 더 없나 생각해 보기 시작했어요.
"할머니랑 아빠도 친구예요."
그때, 엄마가 꼬마 두더지를 꼭 껴안고 귓가에 속삭였어요.
"혹시 빠진 사람은 없니?"
"맞아요. 엄마도요. 모두가 제 친구예요."
꼬마 두더지는 큰 목소리로 신 나게 대답했답니다.

🌸 **옹알옹알** 낱말쏙쏙
아직 말을 못하는 아기가
분명하지 않은 말로 자꾸
중얼거리는 소리나 그 모양
을 흉내 내는 말이에요.

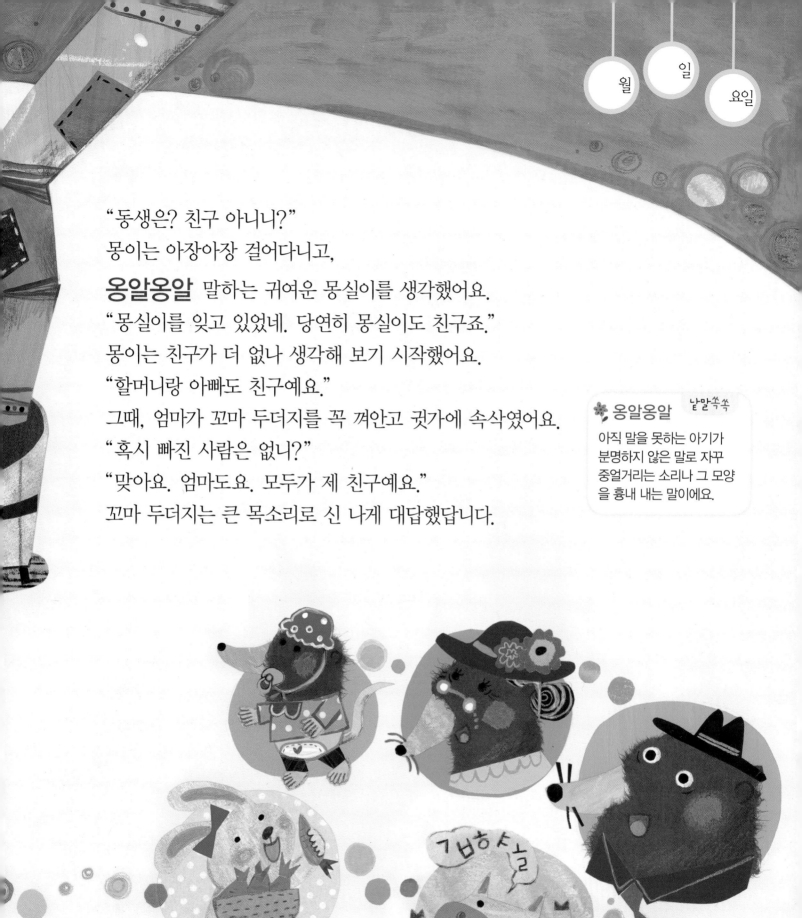

글의 내용을 생각하면서 문제를 풀어 보세요.

1 꼬마 두더지가 슬퍼한 까닭은 무엇인가요? 알맞은 것을 찾아 (　　　) 안에 ◯표 해 보세요.

친구와 싸웠기 때문이야.	선생님께 혼이 났기 때문이야.	같이 놀 친구가 없기 때문이야.

(　　　　　)　　　(　　　　　)　　　(　　　　　)

2 꼬마 두더지에게 토실이와 꿀복이는 어떤 친구인가요? 알맞은 내용을 찾아 바르게 연결해 보세요.

토실이 •

꿀복이 •

• 간식을 잘 나눠줘요.

• 재미난 이야기를 잘해 줘요.

3 꼬마 두더지가 고개를 갸우뚱거린 까닭은 무엇인가요? 알맞은 것을 찾아 색칠해 보세요.

> 다른 친구가 생각나지 않았기 때문이에요.

> 엄마가 무엇을 물었는지 이해할 수 없었기 때문이에요.

4 꼬마 두더지의 생각이 어떻게 바뀌었나요? 빈칸에 공통으로 들어갈 글자를 알맞게 써 보세요.

같이 놀 ☐☐ 가 하나도 없어요.

토실이, 꿀복이, 동생, 할머니, 아빠, 엄마 모두가 제 ☐☐ 예요.

낱말의 뜻을 생각하면서 문제를 풀어 보세요.

1 다음 그림에서 '시무룩하다'와 어울리는 표정을 찾아 (　　　) 안에 ○표 해 보세요.

(　　　)　　　(　　　)　　　(　　　)

2 다음 그림을 보고, 알맞은 낱말을 찾아 색칠해 보세요.

속삭이다

옹알거리다

껴안다

대답하다

'을'과 '를'의 쓰임새 익히기

3 다음 문장을 읽고, ⬚ 안에 들어갈 알맞은 말을 찾아 색칠해 보세요.

○ 몽이는 동생 │ 을 │ 를 │ 떠올렸어요.

○ 토실이는 간식 │ 을 │ 를 │ 잘 나눠줘요.

○ 엄마가 꼬마 두더지 │ 을 │ 를 │ 꼭 껴안았어요.

문장 바꾸어 쓰기

4 보기 와 같이 주어진 문장을 바꾸어 써 보세요.

보기   토실이는 착하다. ➡ │ 착 │ 한 │ 토실이

- 이야기가 재미나다. ➡ │　│　│　│ 이야기

- 동생이 귀엽다. ➡ │　│　│　│ 동생

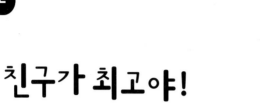

친구가 최고야!

혼자 놀기 좋아하는 다연이는 친구가 하나도 없어요.
어느 날 저녁, 아빠가 손에 커다란 상자를 들고 오셨어요.
"야, **기니피그**다! 미니라고 불러야지."
어느새 미니는 다연이의 가장 소중한 보물이 되었어요.
그러던 어느 날, 다연이는 미니를 유치원에 데려갔어요.
'신나는 방'에서 놀다 온 다연이는 미니를 보러 갔어요.
아니, 이런! 교실 책꽂이 위에 둔 미니가 사라졌어요!
다연이의 눈에서는 눈물이 똑똑 떨어지기 시작했어요.

낱말쏙쏙

✿ 기니피그
쥐와 비슷하지만 주둥이와
꼬리가 짧고 귀는 둥글고
짧은 동물이에요.

"우리가 찾아 줄게!"

아이들이 **너도나도** 소리쳤어요.

피아노 앞에도, 어항 뒤에도, 책상 위에도, 의자 아래에도,

책꽂이 사이에도, 심지어 휴지통 안에도.

모두들 구석구석 빠짐없이 찾았어요.

그러다가 드디어…….

"우와, 여기에 미니가 있다!"

찬우가 미니를 다연이에게 내밀며 활짝 웃었어요.

이제 다연이는 알게 되었어요.

힘든 일을 서로 도울 수 있는 친구가 정말 최고라는 걸 말이죠.

🌸**너도나도** 낱말쏙쏙

서로 빠지지 않으려고
하는 모양을 뜻해요.

49

글의 내용을 생각하면서 문제를 풀어 보세요.

1 다연이에게 친구가 하나도 없는 까닭은 무엇인가요? 바르게 말한 친구를 찾아 (　　) 안에 ○표 해 보세요.

| 잘 우는 울보이기 때문이에요. | 친구를 잘 놀리기 때문이에요. | 혼자 노는 것을 좋아하기 때문이에요. |

(　　　　) 　　　　(　　　　) 　　　　(　　　　)

2 다연이의 가장 소중한 보물은 무엇인가요? 빈칸에 색칠해 보세요.

| 거북 | 금붕어 | 기니피그 |

3 미니가 사라지자, 아이들은 어떻게 하였나요? 바르게 말한 것을 찾아 ◯표 해 보세요.

○ 모른 척했어요.

○ 선생님께 말씀드렸어요.

○ 모두들 구석구석 빠짐없이 찾았어요.

4 다연이가 알게 된 것은 무엇인가요? 바르게 말한 것을 찾아 ◯표 해 보세요.

미니는 숨기를 좋아해요.

친구들과 노는 것은 즐거워요.

힘든 일을 서로 도울 수 있는 친구가 정말 최고예요.

낱말의 뜻을 생각하면서 문제를 풀어 보세요.

흉내 내는 말 익히기

1 다음 그림을 보고, 알맞은 말을 찾아 색칠해 보세요.

똑똑 | 동동

훌쩍 | 활짝

낱말의 짜임 익히기

2 다음 그림을 보고, 빈칸에 알맞은 낱말을 쓰세요.

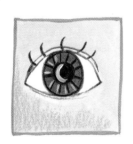

눈

+

물

···▶

책

+

···▶

책상

3 다음 그림을 보고, 빈칸에 들어갈 알맞은 말을 찾아 ◯표 해 보세요.

☐☐ 는 내 방이야.

여기   저기   거기

4 다음 그림을 보고, 보기 에서 알맞은 낱말을 찾아 빈칸에 써 보세요.

책상 ☐ 에는 책, ☐☐ 에는 고양이가 있어요.

휴지통 ☐ 에는 인형이 있어요.

보기   위   앞   안   뒤   아래

겉모습은 중요하지 않아!

도서관에 가서 "안녕, 친구야!"라는 책을 빌렸습니다.
책에서 사자는 고슴도치에게 친구가 되고 싶다고 말합니다.
그런데 고슴도치는 큰부리새처럼
커다란 부리와 날개가 있으면 좋겠다고 말합니다.
큰부리새는 카멜레온이랑 친구가 되고 싶다고 말합니다.
그런데 카멜레온은 코끼리처럼 기다란 코를 가진 친구를
가지고 싶어 합니다.

> **낱말쏙쏙**
> 🌸**큰부리새**
> 부리가 몸의 3분의 2를
> 차지하는 새예요.

큰부리새의 커다란 부리와 날개를 달고 있는 사자,
코끼리의 기다란 코로 샤워를 하고 있는 큰부리새 등
동물들은 친구가 바라는 자기 모습을 상상해 봅니다.
그리고 떼굴떼굴 구르며 웃습니다.
"그래, 그래. 우리 지금 모습 그대로 친구하자!"
다행히 동물들은 친구를 지금 모습 그대로
받아들여야 한다는 것을 알게 되었습니다.

이 책을 통해 '친구'에 대해 곰곰이 생각해 보았습니다.
그리고 친구를 사귈 때에는 겉모습이 중요하지 않다는
것을 깨달았습니다.

55

글의 내용을 생각하면서 문제를 풀어 보세요.

1 이 글은 어떤 책을 읽고 쓴 글인가요? 알맞은 책 제목을 찾아 ◯표 해 보세요.

안녕,
친구야!

우리
친구하자!

겉모습은
중요하지
않아!

2 사자와 큰부리새는 누구에게 친구가 되고 싶다고 말하였나요? 알맞게 연결
해 보세요.

·

·

·

·

·

3 고슴도치와 카멜레온이 바라는 사자와 큰부리새의 모습은 무엇인가요?
( ) 안에 ◯표 해 보세요.

사자

큰부리새

( )　( )　　( )　　( )

4 글쓴이가 책을 읽고, 느낀 점은 무엇인가요? 바르게 말한 것을 찾아 색칠해 보세요.

도서관에 가서 책을 빌렸어.

카멜레온은 코끼리처럼 기다란 코를 가진 친구를 바라고 있어.

친구를 사귈 때에는 겉모습이 중요하지 않아.

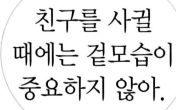

낱말의 뜻을 생각하면서 문제를 풀어 보세요.

포함하는 말 알기

1 다음 낱말 중에서 나머지 셋을 포함하는 낱말은 무엇인가요? 알맞은 것을 찾아 색칠해 보세요.

사자

동물

코끼리

고슴도치

비슷한 말 익히기

2 다음 그림을 보고, 그림과 관련 있는 낱말들을 찾아 바르게 연결해 보세요.

친구 •

• 외모

겉모습 •

• 동무

큰 말과 작은 말 익히기

③ 다음 그림을 보고, 알맞은 흉내 내는 말을 보기 에서 찾아 쓰세요.

- 구슬이 [　　　　　] 굴러가요.

- 축구공이 [　　　　　] 굴러가요.

보기   때굴때굴   떼굴떼굴

문장 완성하기

④ 다음 그림을 보고, 빈칸에 들어갈 알맞은 말을 찾아 ○표 하세요.

도서관이
도서관을
도서관에

[　　　　　] 가서 책을 빌렸습니다.

친구야, 부탁해!

'먹보', '겁쟁이', '원숭이'……
친구들끼리 이런 별명을 부를 때가 많아.
하지만 나는 별명을 부르지 말아야 한다고 생각해.
왜냐하면, '박사', '꾀꼬리'처럼
듣기에 **기분** 좋은 별명도 있지만,
대부분은 모자라는 점을 별명으로
붙인 경우가 많기 때문이야.
그래서 별명을 부르면 듣는 친구의 기분이 나쁘게 돼.
그리고 싸움이 일어날 수도 있어.

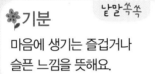

낱말쏙쏙

❀기분
마음에 생기는 즐겁거나
슬픈 느낌을 뜻해요.

화가 난다고 친구에게
'바보', '멍청이', '짜증 나.', '저리 비켜.', '네가 뭔데?'와 같은
나쁜 말을 하면 안 된다고 생각해.
왜냐하면, 그런 말을 들으면 기분이 좋지 않으니까.
대신 '미안해.', '고마워.', '축하해.', '내 잘못이야.', '힘내!'처럼
바르고 고운 말을 사용하면 좋겠어.
친구끼리 친하게 지내다 보면 함부로 대할 때가 있어.
하지만 가까운 사이일수록
서로 예의를 지켜야 한다고 생각해.
친구야, **부탁해**!

낱말쏙쏙
❀부탁해
(부탁하다)
어떤 일을 해 달라고 청하는
일을 말해요.

1 글쓴이가 말하려고 하는 것이 무엇인가요? 알맞은 문장을 찾아 ⬚ 안에
○표 해 보세요.

 친구 간에 서로 예의를 지켜야 해. ⬚

 친구 간에 서로 사이좋게 지내야 해. ⬚

2 글쓴이가 '별명을 부르지 말자.'라고 말한 까닭이 **아닌** 것을 찾아 (   )
안에 ○표 해 보세요.

싸움이
일어날 수도 있기
때문이야.

선생님께 혼이
나기 때문이야.

듣는 친구의
기분이 나쁘기
때문이야.

(   )   (   )   (   )

3 다음 말 중에서 바르고 고운 말에는 〇표, 나쁜 말에는 ✕표 해 보세요.

바보.　　　　축하해.　　　　힘 내!

멍청이.

내 잘못이야.

미안해.

고마워.　　　짜증 나.

네가 뭔데?

저리 비켜.

4 글쓴이가 친구에게 부탁하고 싶은 말은 무엇인지 ⬚ 안에 알맞은 낱말을 써 보세요.

친구에게 별명을 부르지 말고,

바르고 고운 　⬚　 을 사용하자.

낱말의 뜻을 생각하면서 문제를 풀어 보세요.

어울리는 말 찾기

1 다음 그림에 알맞은 별명을 찾아 연결해 보세요.

먹보

겁쟁이

추상적인 말 익히기

2 다음 그림을 보고, 친구 간에 지켜야 할 예의 바른 행동을 찾아 ⬚ 안에 색칠 해 보세요.

친구 물건 뺏기

친구 놀리기

약속 지키기

3 다음 문장에 어울리는 낱말을 찾아 (   ) 안에 ○표 해 보세요.

친구끼리 친하게 지낼수록 말을 (함부로 / 반갑게) 하면 안 되요.

친구들과 (조용하게 / 사이좋게) 지낼 수 있도록 이름을 불러요.

4 다음 그림을 보고, 문장에 알맞은 말을 보기 에서 찾아 써 보세요.

친구에게 빌려 달라고


```
┌─────────────────────────┐
│                         │
└─────────────────────────┘ .
```

생김새가 서로

```
┌─────────────────────────┐
│                         │
└─────────────────────────┘ .
```

보기   부탁해요   사용해요   비슷해요

65

다지기 마당

'다지기 마당'은 이번 마당에서 읽은 글을 다시 한 번 읽어 보면서 독해력과 어휘력을 다지는 시간입니다. 글과 문제를 꼼꼼히 읽고, 알맞은 답을 찾아보세요.

다음 글을 읽고, 물음에 답해 보세요.

"동생은? 친구 아니니?"
몽이는 아장아장 걸어다니고, 옹알옹알 말하는 귀여운 몽실이를 생각했어요.
"몽실이를 잊고 있었네. 당연히 몽실이도 친구죠."
몽이는 친구가 더 없나 생각해 보기 시작했어요.
"할머니랑 아빠도 친구예요."
그때, 엄마가 꼬마 두더지를 꼭 껴안고 귓가에 속삭였어요.
"혹시 빠진 사람은 없니?"
"맞아요. 엄마도요. 모두가 제 친구예요."
꼬마 두더지는 큰 목소리로 신 나게 대답했답니다.

1 이 글의 내용을 바르게 말한 것을 찾아 ( ) 안에 ○표 해 보세요.

- 꼬마 두더지는 친구가 많아요. ( )
- 엄마는 꼬마 두더지의 친구가 아니에요. ( )

2 다음 그림을 보고, 알맞은 말을 찾아 색칠해 보세요.

옹알옹알
아장아장

❀ 다음 글을 읽고, 물음에 답해 보세요.

아니, 이런! 교실 책꽂이 위에 둔 미니가 사라졌어요!
다연이의 눈에서는 눈물이 뚝뚝 떨어지기 시작했어요.
"우리가 찾아 줄게!"
아이들이 너도나도 소리쳤어요.
피아노 앞에도, 어항 뒤에도, 책상 위에도, 의자 아래에도,
책꽂이 사이에도, 심지어 휴지통 안에도.
모두들 구석구석 빠짐없이 찾았어요.
그러다가 드디어……
"우와, 여기에 미니가 있다!"
찬우가 미니를 다연이에게 내밀며 활짝 웃었어요.

3 다연이의 눈에서 눈물이 떨어진 까닭은 무엇인가요? 알맞은 말을 찾아
⬚ 안에 ◯표 해 보세요.

😊 미니가 사라졌기 때문이에요. ⬚

😊 눈에 뭐가 들어갔기 때문이에요. ⬚

4 보기 에 제시된 낱말을 이용하여 끝말잇기를 해 보세요.

책꽂이

보기   이모   거위   모자   자전거

✿ 다음 글을 읽고, 물음에 답해 보세요.

동물들은 친구가 바라는 자기 모습을 상상해 봅니다.
그리고 떼굴떼굴 구르며 웃습니다.
"그래, 그래. 우리 지금 모습 그대로 친구하자!"
다행히 동물들은 친구를 지금 모습 그대로
받아들여야 한다는 것을 알게 되었습니다.
이 책을 통해 '친구'에 대해 곰곰이 생각해 보았습니다.
그리고 친구를 사귈 때에는 겉모습이 중요하지 않다는 것을 깨달았습니다.

5 '친구'에 대해 바르게 말한 것을 모두 찾아 ◌ 안에 색칠해 보세요.

친구의 겉모습은 중요하지 않아요. ◌

공부를 잘하고, 키가 큰 친구가 좋아요. ◌

친구를 지금 모습 그대로 받아들여야 해요. ◌

6 '곰곰이'와 바꾸어 쓸 수 있는 말은 무엇인가요? 알맞은 말을 찾아
◯표 해 보세요.

가끔   너무   깊이

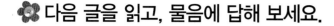

다음 글을 읽고, 물음에 답해 보세요.

화가 난다고 친구에게 '바보', '멍청이', '짜증 나.',
'저리 비켜.', '네가 뭔데?'와 같은 나쁜 말을 하면 안 된다고 생각해.
왜냐하면, 그런 말을 들으면 기분이 좋지 않으니까.
대신 '미안해.', '고마워.', '축하해.', '내 잘못이야.',
'힘내!'처럼 바르고 고운 말을 사용하면 좋겠어.
친구에게 친하게 지내다 보면 함부로 대할 때가 있어.
하지만 가까운 사이일수록 서로 예의를 지켜야 한다고 생각해.
친구야, 부탁해!

7 친구들과 사이좋게 지내는 모습으로 알맞지 <u>않은</u> 것을 찾아 (　　　) 안에
◯표 해 보세요.

(　　　　　)　　　　　　　　　　　(　　　　　)

8 다음 두 문장을 어떤 말로 이어 주어야 할까요? (　　　) 안에서 알맞은 말
을 찾아 ◯표 해 보세요.

> **친구에게 나쁜 말을 하면 안 돼요.**
> **(그리고 / 왜냐하면)**
> **친구들이 들으면 기분이 좋지 않으니까요.**

숨은 글자를 찾아요
색칠을 해서 나타난 글자를 알아보는 놀이예요.

🌸 아래의 그림 중 ♡표시를 찾아 색칠해 보세요. 어떤 글자가 나타났나요?
글자를 적어 보세요.

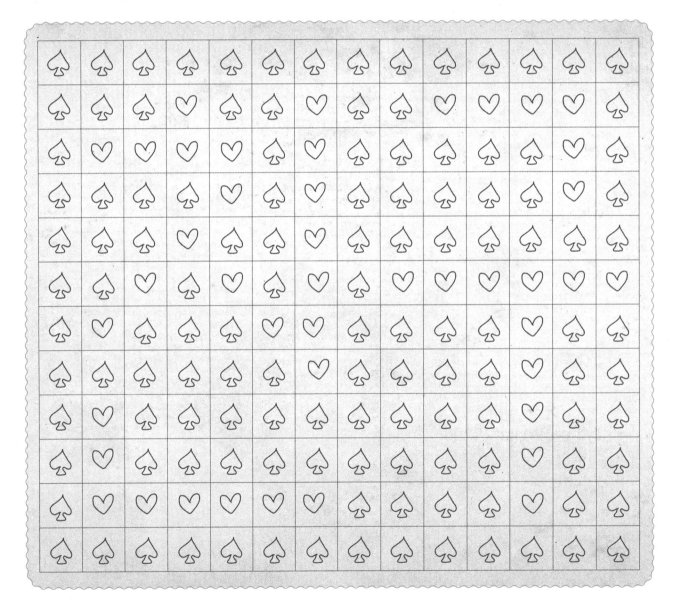

 나타난 글자는   예요.

속담을 익혀요

'속담'은 예로부터 전해오는 교훈을 주는 짧은 글이에요. '친구'와 관련 있는 속담에 대해 알아보아요.

친구는 옛 친구가 좋고 옷은 새 옷이 좋다

옷은 깨끗한 새 옷이 좋지만, 친구는 오래 사귄

친구일수록 정이 두텁고 깊어서 좋다는 말이에요.

셋째 마당

정다운 우리 마을

"셋째 마당에서는 우리가 함께 사는 마을에 대한 여러 가지 글을 읽어 볼 거예요.

서로 마을의 대표가 되겠다는 동물들도 만나고, 북적북적 우리 마을을 소개하는 마을 안내장도 함께 읽어요. 또, 마을에서 열리는 반상회와 이웃 간에 지켜야 할 예절에 대해서도 알아보지요.

주어진 글을 모두 읽고 나면 우리가 함께 사는 마을에 대해 좀 더 잘 알게 될 거예요."

부모님께

셋째 마당에서 다루고 있는 '함께 사는 우리'는 초등 2학년 1학기 바른 생활과 슬기로운 생활 4단원 대주제인 '사이좋은 이웃'과 슬기로운 생활 5단원 대주제인 '함께 사는 우리'와 연관되어 있습니다. 이 주제를 통해 아이들은 우리가 함께 사는 마을을 탐구하고, 이웃과 함께 사는 데 필요한 배려를 익히게 됩니다. 교재 학습과 더불어 아이에게 현재 살고 있는 동네와 이웃들의 사는 모습에 대해 얘기해 보세요.

마당길잡이

교과영역	바른 생활	✔ 슬기로운 생활	즐거운 생활

순서	글감 제목	글감 내용	이렇게 읽어요
첫째 날	동물 마을의 대표 뽑기 (이야기)	동물들이 어떤 까닭을 들어 마을 대표가 되어야 한다고 말하는지 알아보아요.	동물 마을 대표가 되어야 하는 까닭에 대해 생각하며 읽어요.
둘째 날	우리 마을로 놀러 오세요 (소개하는 글)	글쓴이가 마을 안내장에서 알리는 마을의 자랑거리는 무엇인지 알아보아요.	마을 안내장에 들어간 내용을 살펴보며 읽어요.
셋째 날	반상회 열리는 날 (생활문)	반상회에서 주고받는 이야기를 통해 반상회에 대해 알아보아요.	반상회에서 인물들의 의견을 살펴보며 읽어요.
넷째 날	이웃사촌이 되려면? (독서 감상문)	글쓴이가 읽은 책의 내용을 통해 이웃과 다정하게 지내는 방법에 대해 알아보아요.	이웃 사이에 지켜야 할 예절을 살펴보며 읽어요.

다섯째 날	다지기 마당	앞에서 공부한 내용을 다시 한 번 확인해 보아요.
	놀이 마당	이웃 간에 바람직한 모습 찾기 놀이를 해 보아요.
	정보 마당	마을을 위해 애쓰시는 분들에 대해 알아보아요.

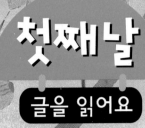

동물마을의 대표 뽑는 날

동물 마을의 대표 뽑기

오늘은 숲 속 동물 마을의 **대표**를 뽑는 날입니다.

먼저, 나이가 가장 많은 거북 할아버지께서 말씀하셨습니다.

"내가 이 마을에서 나이가 제일 많아.

그러니까 내가 마을 대표가 되어야지."

거북 할아버지 옆에 있던 아기 토끼도 일어나 말하였습니다.

"저는 덩치도 작고, 나이도 어리지만 이 마을을 무척 사랑해요.

마을을 사랑하는 마음보다 더 중요한 것이 있을까요?"

들고 있던 동물들은 모두 고개를 끄덕였습니다.

낱말쏙쏙

🌸 **대표**

단체 일을 책임지고 맡아서 하는 것. 또는 그 일을 하는 사람이라는 뜻이에요.

호랑이도 자리에서 일어나서 말하였습니다.
"여러분도 알겠지만 나는 마을에서 힘이 가장 세요.
마을 대표가 힘이 세야 마을의 힘든 일도 척척 할 수 있어요."
이번에는 여우가 일어나서 말하였습니다.
"나이도, 사랑하는 마음도, 힘도 중요해요.
하지만 동물 마을의 대표는 똑똑해야 한다고 생각해요.
똑똑한 걸로 **따지면** 제가 최고죠."

다른 동물들은 골똘히 생각에 잠겼습니다.
어떤 동물이 마을의 대표가 되어야 할까요?

🌸**따지면**   낱말쏙쏙
(따지다)
어떤 것을 기준으로 순위를
헤아린다는 뜻이에요.

75

글의 내용을 생각하면서 문제를 풀어 보세요.

1 오늘은 무엇을 하는 날인가요? 바르게 말한 친구를 찾아 (   ) 안에 ○표 해 보세요.

동물 마을의 운동회 날이에요.

동물 마을의 대청소 날이에요.

동물 마을의 대표를 뽑는 날이에요.

(   )   (   )   (   )

2 마을 대표에 대한 아기 토끼와 호랑이의 생각은 무엇인가요? 각각 알맞게 연결해 보세요.

 •

 •

• 마을을 사랑하는 마음이 가장 중요해요.

• 마을 대표는 힘이 세야해요.

3 거북 할아버지, 아기 토끼, 호랑이, 여우의 말을 듣고 있던 다른 동물들이 생각에 잠긴 까닭은 무엇인가요? 알맞은 것을 찾아 ◯ 안에 ◯표 해 보세요.

네 마리의 동물 중에서 마을 대표가 될 수 있는
동물이 없다고 생각했기 때문이에요.

어떤 동물이 마을의 대표가 되면 좋을지
결정을 내리지 못했기 때문이에요.

4 동물들이 어떤 까닭을 들어 자기가 마을 대표가 되어야 한다고 말하였나요? 알맞게 말하지 **못한** 것을 찾아 말풍선에 색칠해 보세요.

나이가 가장 많아요.

이 마을을 무척 사랑해요.

마을에서 힘이 제일 세요.

예쁜 걸로 따지면 제가 최고예요.

77

낱말의 뜻을 생각하면서 문제를 풀어 보세요.

1 다음 그림과 어울리는 표현을 찾아 ⬚ 안에 ◯표 해 보세요.

절레절레

끄덕끄덕

2 '대표'는 단체 일을 책임지고 맡아서 하는 사람이에요. 다음 그림에서 대표
가 **아닌** 사람을 찾아 ◯표 해 보세요.

반장

엄마

사장

대통령

이어 주는 말 익히기

3 다음 두 문장을 어떤 말로 이어 주어야 할까요? 알맞은 말을 골라 색칠해 보세요.

아기 토끼는 나이가 어려요.

| 그래서 | 하지만 |

아기 토끼는 동물 마을을 무척 사랑해요.

서술어 넣어 문장 완성하기

4 다음 그림을 보고, 그림의 내용에 맞게 알맞은 말을 골라 색칠해 보세요.

호랑이는 힘이 제일

| 세요. | 약해요. |

여우는 제일

| 똑똑해요. | 멍청해요. |

우리 마을로 놀러 오세요

우리 마을에는 다나아 약국이 있습니다.
병원에서 받은 **처방전**을 가져다주면
약과 함께 새콤달콤 비타민 사탕도 주지요.
또, 약을 먹거나 보관하는 방법을 친절하게 설명해 주신답니다.

뚝딱뚝딱 구두 수선 집이 있습니다.
이곳에 오면 어떤 신발이든 고칠 수 있어요.
낡은 운동화, 구두, 샌들, 부츠 등을
싹둑싹둑 잘라내고, 뚝딱뚝딱 두드리면
망가진 신발이 금세 새것이 된답니다.

✿처방전   낱말쏙쏙
아픈 사람에게 어떤 약을 먹
으라고 일러 주는 종이예요.

80

꿈나무 장난감 나라와 도서관이 있습니다.
장난감 나라에서는 미끄럼틀, 그네, 블록, 퍼즐 등
여러 가지 장난감을 가지고 놀 수 있어요.
도서관에서는 백과사전, 동화책, 만화책, 잡지 등
다양한 책을 읽을 수 있어요.
회원증이 있으면 책과 장난감을 무료로 빌려 갈 수도 있지요.

싱싱 슈퍼마켓, 튼튼해 병원, 예뻐요 미용실, 깨끗해 세탁소,
번쩍번쩍, 애앵~ 애앵~ 마을을 지키는 경찰서까지
북적북적 행복한 우리 마을로 꼭 놀러 오세요.

🌸**북적북적** 낱말쏙쏙

사람들이 한곳에 많이 모여
서 수선스럽게 움직이는
모양을 나타내는 말이에요.

글의 내용을 생각하면서 문제를 풀어 보세요.

1 무엇에 대하여 쓴 글인가요? 알맞게 말한 친구를 찾아 (　　　) 안에 ○표 해 보세요.

우리 학교에 대해 쓴 글이에요.

우리 가족에 대해 쓴 글이에요.

우리 마을에 대해 쓴 글이에요.

(　　　)　　　(　　　)　　　(　　　)

2 다나아 약국에서 약을 살 때와 꿈나무 장난감 나라에서 장난감을 빌릴 때 필요한 것은 무엇인가요? 그림을 보고, 알맞게 연결해 보세요.

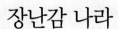
다나아 약국　•

장난감 나라　•

회원증

처방전

3 이 글에서 글쓴이는 마을의 어디어디를 소개하였나요? 소개하지 <u>않은</u> 곳을 모두 찾아 ◯표 해 보세요.

미용실	병원	세탁소
공항	경찰서	과수원
약국	슈퍼마켓	박물관

4 다음 그림을 보고, 소개한 내용에 알맞게 연결해 보세요.

약과 비타민 사탕을 줘요.

망가진 신발을 새것처럼 고쳐 줘요.

책을 읽거나 빌릴 수 있어요.

낱말의 뜻을 생각하면서 문제를 풀어 보세요.

흥내 내는 말 익히기

1 다음 그림을 보고, 알맞은 말을 찾아 색칠해 보세요.

| 번쩍번쩍 | 울긋불긋 | | 싹둑싹둑 | 뚝딱뚝딱 |

포함하는 말 익히기

2 다음 낱말 중에서 나머지 셋을 포함하는 낱말은 무엇인가요? 알맞은 낱말을 찾아 ○표 해 보세요.

책   잡지   만화책   백과사전

퍼즐   블록   그네   장난감

3 다음 그림을 보고, ⬚ 안에 들어갈 알맞은 말을 찾아 색칠해 보세요.

장난감 나라에서

장난감 | 을 | 를 | 빌려요.

경찰관이 마을의

질서 | 을 | 를 | 지켜요.

4 보기 와 같이 주어진 문장을 바꾸어 써 보세요.

보기 　마을이 행복하다. ➡ 행 복 한 마을

- 신발이 망가지다. ➡ ⬚ ⬚ ⬚ 신발

- 책이 다양하다. ➡ ⬚ ⬚ ⬚ 책

반상회 열리는 날

우리 아파트에서는 한 달에 한 번씩 반상회를 열어요.
반상회는 마을 주민들의 의견을 모으고,
서로 화목하게 지내기 위해 여는 거래요.
오늘은 우리 집에서 반상회가 열리는 날이에요.

낱말쏙쏙

🌸**단수**
수돗물이 나오지 않게 끊기는 것을 뜻해요

"몇 가지 드릴 말씀이 있어요. 이번 주 수요일에
단수가 되니 미리 물을 받아 놓으세요.
그리고 23일부터 25일까지 101동 앞 주차장에서
벼룩시장이 열리니 많은 참여 부탁드려요.
이 밖에 불편한 점이나 다른 의견이 있으면 말씀하세요."
반장 아주머니의 말씀에 사람들은 웅성웅성 떠들었어요.

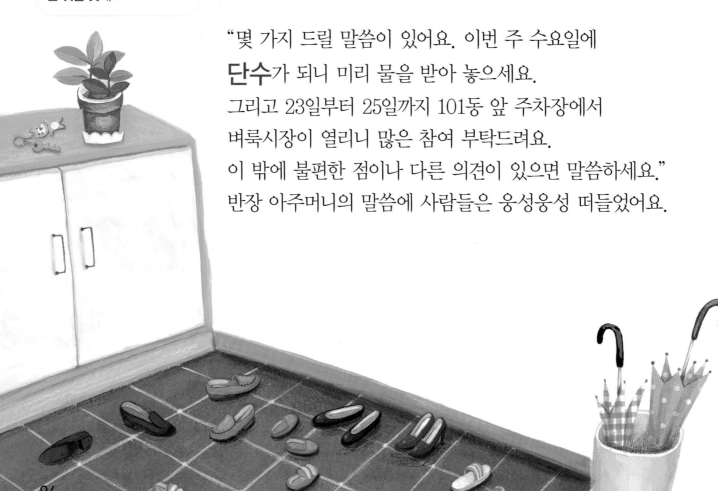

"승강기 안이나 현관문 앞이 광고지 때문에 더럽던데,
광고지를 정해진 장소에 붙이도록 하면 좋겠어요."
연세가 제일 많으신 할머니께서 말씀하셨어요.

그때, 나도 갑자기 할 말이 생각났어요.
"반장 아줌마, 저도 할 얘기가 있는데 말해도 돼요?"
"그래? 그럼 어서 말해 보렴."
"어제 놀이터에서 그네가 망가진 걸 봤어요. 그네를 고쳐 주세요."
"그랬구나. 가영이가 중요한 걸 알려 주었네요.
아이들이 다치지 않도록 하루빨리 그네를 고치라고 하겠습니다."
반상회에 모인 사람들은 모두 싱글벙글 웃었어요.

🌸**광고지** 낱말쏙쏙

어떤 것을 팔거나 관심을 끌려고 여러 사람한테 널리 알릴 내용을 적은 종이예요.

87

글의 내용을 생각하면서 문제를 풀어 보세요.

1 반상회에서 반장 아주머니께서 하신 말씀을 무엇인가요? 알맞지 <u>않은</u> 것을 찾아 ○표 해 보세요.

- 물을 아껴 쓰세요.

- 이번 주 수요일에 단수가 돼요.

- 101동 앞 주차장에서 벼룩시장이 열려요.

2 제일 나이가 많으신 할머니께서 말씀하신 불편한 점은 무엇인가요? 그림을 보고, 알맞은 것을 찾아 ○표 해 보세요.

승강기 안이 광고지 때문에 더러워요.

승강기 안이 개똥 때문에 더러워요.

3 반상회에서 가영이가 한 얘기는 무엇인가요? 알맞게 말한 친구를 찾아 ( ) 안에 ○표 해 보세요.

그네를
만들어 주세요

시소를
고쳐 주세요.

그네를
고쳐 주세요.

(   )   (   )   (   )

4 반상회에 대해 바르게 말한 것을 모두 찾아 색칠해 보세요.

두 달에 한 번씩 열어요.

서로 화목하게 지내기 위해 열어요.

마을 주민들의 의견을 모으기 위해 열어요.

낱말의 뜻을 생각하면서 문제를 풀어 보세요.

높임말 익히기

1 '할머니'와 어울리는 말을 찾아 색칠해 보세요.

말

연세

말씀

나이

추상적인 말 익히기

2 다음 그림에서 '단수'에 어울리는 모습을 찾아 (　　　) 안에 ○ 표 해 보세요.

(　　　　)　　　　　(　　　　)

3 보기 와 같이 주어진 문장을 권유하는 문장으로 바꾸어 써 보세요.

보기 반상회를 연다. ➡ 반상회를 열자.

광고지를 붙인다.

➡ 광고지를 [ ] [ ] [ ] .

4 다음 그림을 보고, 시간을 나타내는 말을 서로 알맞게 연결해 보세요.

어제 •

오늘 •

• 반상회를 열어요.

• 반상회를 열었어요.

이웃사촌이 되려면?

엄마가 "**이웃사촌**"이라는 책을 사 주셨어요.
이 책의 주인공은 갈색 토끼 브랭과 회색 토끼 그리주예요.
처음에 둘은 사이가 매우 좋았어요.
그러던 어느 날, 브랭이 화를 내면서 둘의 싸움이 시작돼요.
이때, 배고픈 여우가 토끼를 잡아먹으러 와요.
둘은 힘을 합쳐 여우를 이겨 내고,
다시 사이좋은 이웃이 되는 이야기예요.

이웃사촌이었던 브랭과 그리주의 사이가 나빠진 까닭은
쓰레기, 큰 라디오 소리 등 사소한 일에 화를 내었기 때문이에요.

낱말쏙쏙

🌸**이웃사촌**
가까이 지내는 이웃을
가리켜요.

'집 안에서 쿵쾅쿵쾅 뛰어다니기, 애완동물의 목줄 매지 않기,
밤늦게 악기 연주하기, 길거리에 휴지 함부로 버리기.'
우리도 브랭과 그리주처럼 이웃에게

피해를 주는 행동을 할 때가 많아요.
이 책을 통해 이웃에게 피해를 주는 행동을 하면
함께 살기 힘들고 자주 다투게 된다는 것을 알 수 있었어요.
그리고 이웃과 다정하게 지내기 위해서는
필요한 일이 있을 때 서로 도와야 한다는 것도 느꼈어요.

낱말쏙쏙
🌸 **피해**

해를 입는 일을 뜻해요.

글의 내용을 생각하면서 문제를 풀어 보세요.

1 이 글은 어떤 책을 읽고 쓴 글인가요? 알맞은 책 제목을 찾아 ○표 해 보세요.

이웃사촌

브랭과 그리주

이웃사촌이 되려면?

2 글쓴이가 읽은 책의 내용을 바르게 말하지 **않은** 친구를 찾아 (   ) 안에 ○표 해 보세요.

주인공이 갈색 토끼와 회색 토끼야.

브랭과 그리주는 큰 목소리 때문에 싸웠어.

브랭과 그리주는 힘을 합쳐 여우를 이겨 냈어.

(   )   (   )   (   )

3 글쓴이가 말한 이웃에게 피해를 주는 행동은 무엇인가요? 알맞은 것을 모두 찾아 ○ 안에 ❍표 해 보세요.

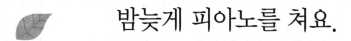 밤늦게 피아노를 쳐요. ○

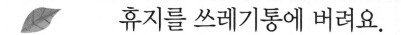 휴지를 쓰레기통에 버려요. ○

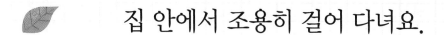 집 안에서 조용히 걸어 다녀요. ○

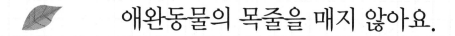 애완동물의 목줄을 매지 않아요. ○

4 글쓴이가 책을 읽고, 느낀 점은 무엇인가요? 바르게 말한 것을 찾아 색칠해 보세요.

엄마가 책을 사 주셨어요.

이웃과 다정하게 지내기 위해서는 서로 도와야 해요.

브랭과 그리주가 힘을 합쳐 여우를 이겨내고, 다시 사이좋은 이웃이 되는 이야기예요.

낱말의 뜻을 생각하면서 문제를 풀어 보세요.

흉내 내는 말 익히기

1 다음 그림을 보고, 알맞은 흉내 내는 말을 찾아 색칠해 보세요.

쿵쾅쿵쾅

살금살금

반대되는 표현 익히기

2 다음 그림을 보고, 밑줄 친 낱말과 반대되는 뜻의 낱말을 찾아 ○표 해 보세요.

배가 부르다.

(고프다 / 아프다).

휴지를 줍다.

(쓰다 / 버리다).

3 다음 문장에 어울리는 낱말을 찾아 (   ) 안에 〇표 해 보세요.

'이웃사촌'이란 (멀찍이 / 가까이) 지내는
이웃을 가리켜요.

이웃에게 피해를 주는 행동을 하면
(자주 / 훨씬) 다투게 돼요.

4 다음 그림을 보고, 문장의 순서에 맞도록 ⬚ 안에 1~3까지 알맞은 숫자를 써 보세요.

지내요. ⬚

이웃과 ⬚

다정하게 ⬚

매요. ⬚

목줄을 ⬚

애완동물에게 ⬚

'다지기 마당'은 이번 마당에서 읽은 글을 다시 한 번 읽어 보면서 독해력과 어휘력을 다지는 시간입니다. 글과 문제를 꼼꼼히 읽고, 알맞은 답을 찾아보세요.

❀ 다음 글을 읽고, 물음에 답해 보세요.

호랑이도 자리에서 일어나서 말하였습니다.
"여러분도 알겠지만 나는 마을에서 힘이 가장 세요.
마을 대표가 힘이 세야 마을의 힘든 일도 척척 할 수 있어요."
이번에는 여우가 일어나서 말하였습니다.
"나이도, 사랑하는 마음도, 힘도 중요해요.
하지만 동물 마을의 대표는 똑똑해야 한다고 생각해요.
똑똑한 걸로 따지면 제가 최고죠."
다른 동물들은 골똘히 생각에 잠겼습니다.
어떤 동물이 마을의 대표가 되어야 할까요?

1 이 글에서 자신이 가장 똑똑하기 때문에 마을 대표가 되어야 한다고 말한 동물은 누구인가요? (   ) 안에 ◯표 해 보세요.

여우	호랑이	아기 토끼
( )	( )	( )

2 다음 문장에 어울리는 낱말을 찾아 (   ) 안에 ◯표 해 보세요.

다른 동물들은 (자세히 / 골똘히) 생각에 잠겼습니다.

🌸 다음 글을 읽고, 물음에 답해 보세요.

우리 마을에는 다나아 약국이 있습니다.
병원에서 받은 처방전을 가져다주면
약과 함께 새콤달콤 비타민 사탕도 주지요.
또, 약을 먹거나 보관하는 방법을 친절하게 설명해 주신답니다.

뚝딱뚝딱 구두 수선 집이 있습니다.
이곳에 오면 어떤 신발이든 고칠 수 있어요.
낡은 운동화, 구두, 샌들, 부츠 등을
싹둑싹둑 잘라내고, 뚝딱뚝딱 두드리면
망가진 신발이 금세 새것이 된답니다.

③ 약을 먹거나 보관하는 방법을 친철하게 설명해 주는 곳은 어디인가요? 알맞은 그림을 찾아 (   ) 안에 ⭕표 해 보세요.

병원   약국   신발 수선 집

(   )   (   )   (   )

④ 다음 중 신발에 포함되는 낱말이 **아닌** 것은 무엇인가요? 알맞은 것을 찾아 ⭕표 해 보세요.

샌들   부츠   운동화   양말

✿ 다음 글을 읽고, 물음에 답해 보세요.

"승강기 안이나 현관문 앞이 광고지 때문에 더럽던데,
광고지를 정해진 장소에 붙이도록 하면 좋겠어요."
연세가 제일 많으신 할머니께서 말씀하셨어요.

그때, 나도 갑자기 할 말이 생각났어요.
"반장 아줌마, 저도 할 얘기가 있는데 말해도 돼요"
"그래? 그럼 어서 말해 보렴."
"어제 놀이터에서 그네가 망가진 걸 봤어요. 그네를 고쳐 주세요."
"그랬구나. 가영이가 중요한 걸 알려 주었네요.
아이들이 다치지 않도록 하루빨리 그네를 고치라고 하겠습니다."
반상회에 모인 사람들은 모두 싱글벙글 웃었어요.

5 연세가 제일 많으신 할머니의 생각을 찾아 ◯ 안에 색칠해 보세요.

🐦 광고지를 정해진 장소에 붙여요. ◯

🐦 승강기 안이나 현관문 앞을 깨끗이 청소해요. ◯

6 이 글의 밑줄 친 문장에서 빠진 문장 부호를 보기 에서 찾아 쓰세요.

"반장 아줌마, 저도 할 얘기가
있는데 말해도 돼요 [ ][ ]"

보기 , .
      ? !

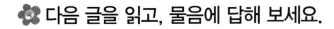 다음 글을 읽고, 물음에 답해 보세요.

엄마가 "이웃사촌"이라는 책을 사 주셨어요.

이 책의 주인공은 갈색 토끼 브랭과 회색 토끼 그리주예요.

처음에 둘은 사이가 매우 좋았어요.

그러던 어느 날, 브랭이 화를 내면서 둘의 싸움이 시작돼요.

이때, 배고픈 여우가 토끼를 잡아먹으러 와요.

둘은 힘을 합쳐 여우를 이겨 내고,

다시 사이좋은 이웃이 되는 이야기예요.

이웃사촌이었던 브랭과 그리주의 사이가 나빠진 까닭은

쓰레기, 큰 라디오 소리 등 사소한 일에 화를 내었기 때문이에요.

7 '이웃사촌'이란 무엇인가요? 바르게 말한 것에 ○표 해 보세요.

이웃에 사는 사촌을 가리켜요. ○

가까이 지내는 이웃을 가리켜요. ○

8 보기 와 같이 주어진 문장을 바꾸어 써 보세요.

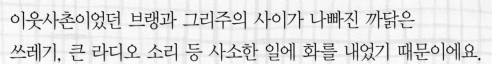
보기 이웃이 다정하다. ➡ 다 정 한 이웃

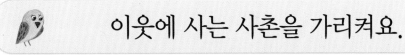
• 여우가 배고프다. ➡ ☐ ☐ ☐ 여우

이웃과 다정하게 지내요
색깔을 칠하며 이웃과 다정하게 지내기 위한 방법을 알아보는 놀이예요.

❀ 색이 칠해지지 **않은** 부분을 색칠해 보세요. 그리고 여럿이 함께 사는 데에 있어서
바람직한 모습에 ◯표 해 보세요.

마을을 위해 애쓰시는 분들

우리 마을을 위해 애쓰시는 분들에는 누가 있나요? 마을을 위해 애쓰시는
분들에 대해 알아보아요.

우편집배원
소포나 편지를 집집마다
배달해 주세요.

의사
몸이 아픈 사람을
치료해 주세요.

소방관
불이 나면 불을 꺼 주시고, 위급한
환자가 생기면 병원으로 데려다 주세요.

환경미화원
마을을 청소하시고,
쓰레기를 치워 주세요.

메모

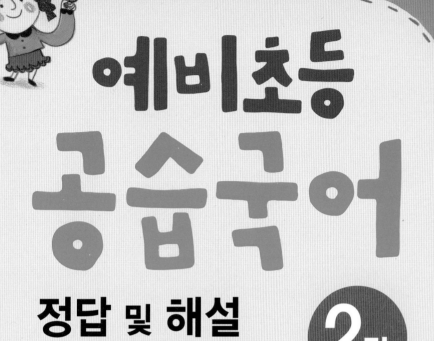

예비초등
공습국어

정답 및 해설

정답을 따로 떼어 내어 보관하고,
학습 지도 시 사용해 주세요.

2권

12-13 쪽

1. 중심인물이 어떤 행동을 하게 된 까닭을 알아보는 문제입니다. 중심인물인 마법사가 빗자루를 타고 밖으로 나간 까닭을 살펴보면 왜 그런 행동을 했는지 파악할 수 있습니다. 인물의 행동을 파악하는 것은 글의 중심 사건을 이해하는 데에 도움이 됩니다. 아이가 앞으로도 글을 읽으면서 인물의 행동을 파악할 수 있도록 지도해 주세요.

2. 글의 중요 내용을 알아보는 문제입니다. 마법사가 여러 가지 색깔들을 어디에서 찾았는지 떠올려 보면 답을 찾을 수 있습니다. 더불어 마법사가 색깔을 찾은 방법을 살펴보면, 우리 주변에서 여러 가지 색깔들을 발견할 수 있다는 것도 자연스럽게 이해하게 됩니다. 아이가 중요 내용을 기억하며 글을 읽을 수 있도록 지도해 주세요.

3. 글의 중심 사건을 알아보는 문제입니다. 마법사가 빨간색 해를 상자에 담았을 때 어떤 일이 벌어졌는지 살펴보면 사건의 원인과 결과를 파악하는 데 도움이 됩니다.

4. 글의 결과를 알아보는 문제입니다. 마법사는 처음에 마술을 부리기 위해서 색깔을 모았지만, 결국 자신이 모은 색깔 때문에 아무것도 할 수 없게 되었습니다. 어떤 원인에 대한 결과가 어떠한지 이해할 수 있도록 지도해 주세요.

14-15 쪽

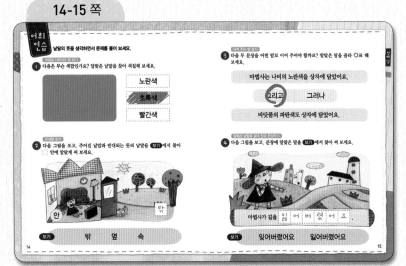

1. 색깔의 이름을 알아보는 문제입니다. 아이가 색깔에 대해 어느 정도 알고 있더라도 말로 표현하는 것과 글로 표현하는 것은 다를 수 있습니다. 정확한 색깔의 명칭을 알고 글자로 어떻게 표현하는지 확실히 이해할 수 있도록 지도해 주세요.

2. 반대말을 알아보는 문제입니다. 가장 기본이 되는 낱말들이므로 확실히 이해할 수 있도록 도와주세요. 더불어 주어진 그림뿐만 아니라 아이가 쉽게 볼 수 있는 공간에서 '안'과 '밖'의 개념을 이해할 수 있도록 지도해 주세요.

3. 이어 주는 말을 알아보는 문제입니다. 처음으로 나오는 학습 형태이므로, 아이가 어려워할 수 있습니다. 앞 문장과 뒤 문장을 대등하게 이어 주는 '그리고'의 역할을 정확히 이해할 수 있도록 지도해 주세요.

4. 그림에 어울리는 말을 쓰는 문제이면서, 동시에 틀리기 쉬운 말을 알아보는 문제입니다. '잃어버리다'는 말과 '잊어버리다'는 말은 평소 생활에서 많이 사용되는 낱말이지만, 혼동될 수 있습니다. 어른들도 구별하기 어려울 수 있는 낱말이므로, 실제로 사용되는 예를 반복하여 제시해 주면서 아이가 낱말의 뜻을 정확히 구별하여 쓸 수 있도록 지도해 주세요.

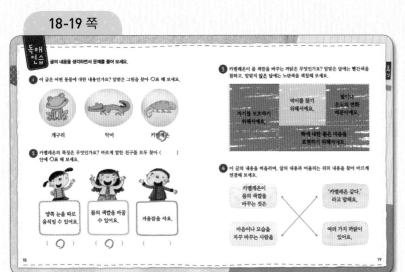

1. 글의 중심 글감을 알아보는 문제입니다. 이 글은 카멜레온을 글감으로 하여 몸 색깔을 다양하게 바꾸는 카멜레온의 특징을 소개하고 있습니다. 아이가 글에 대해 정확히 이해하고 있는지를 확인하는 문제로, 답을 쉽게 찾아낼 수 있을 것입니다.

2. 글의 내용을 이해하는 문제입니다. 이 글은 카멜레온의 특징 두 가지를 설명하고 있습니다. 글이 카멜레온이 몸 색깔을 바꾸는 특징에 대해서만 중요하게 다루고 있어서 다른 한 가지 특징을 떠올리지 못할 수도 있습니다. 그 경우에는 글의 앞부분을 함께 읽어 보면서 놓쳤던 내용을 되짚어 볼 수 있도록 도와주세요.

3. 글의 중심 내용을 이해하는 문제입니다. 카멜레온이 몸 색깔을 바꾸는 까닭에 대해서 여러 가지 내용이 제시되어 있으므로, 아이가 답을 찾는 데 어려워할 수도 있습니다. 주어진 문장을 하나씩 살펴보면서 읽었던 내용과 일치하는지 잘 생각하여 답을 찾을 수 있도록 지도해 주세요.

4. 글의 전체 내용을 확인하는 문제입니다. 단순히 어떤 한 부분의 내용만 파악하여 답을 찾을 수 있는 문제가 아니라, 글의 전체적인 내용을 이해해야 답을 찾을 수 있는 문제입니다. 또한 설명하는 글에서 전달하려는 중요한 정보를 정확히 파악했는지도 확인할 수 있습니다. 아이가 글의 전반적인 내용을 이해할 수 있도록 지도해 주세요.

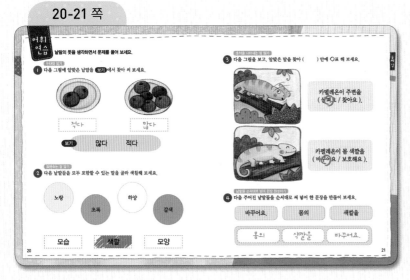

1. '많다'와 '적다'는 양의 정도를 나타내는 낱말이자, 서로 반대되는 뜻을 가지고 있습니다. '크다'와 '작다'의 낱말과 혼동하는 경우가 많으므로, 실제로 우유나 물, 사과나 과자 같은 양을 나타낼 수 있는 낱말들과 함께 사용하여 낱말의 의미를 정확히 이해할 수 있도록 지도해 주세요.

2. 여러 가지 색깔들을 나타내는 낱말들을 모두 포함할 수 있는 낱말을 찾아보는 문제입니다. 앞의 글들에 자주 등장하는 낱말이므로, 어렵지 않게 찾을 수 있을 것입니다. 여기에서는 포함하는 말과 포함되는 말의 관계를 이해할 수 있도록 지도해 주세요.

3. 그림 속 카멜레온의 모습을 보고 어울리는 말을 찾는 문제입니다. 그림의 내용을 정확히 파악한 뒤, 그림 속 카멜레온의 동작에 알맞은 낱말을 찾아보게 합니다. 주어진 문장의 앞 내용과 자연스럽게 연결되는 것도 중요하므로, 문장을 읽어 보고 답을 찾을 수 있도록 지도해 주세요.

4. 순서가 바뀐 낱말들을 바르게 배열하여 문장을 만들어 보는 문제입니다. 글을 여러 번 반복하여 읽으면서 자연스럽게 문장의 짜임을 익힐 수 있도록 지도해 주세요.

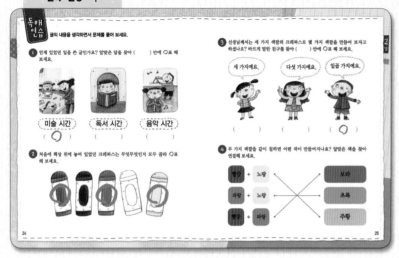

1. 글에서 사건이 일어난 때를 알아보는 문제입니다. 보통 때와 장소는 글의 처음 부분에 많이 나옵니다. 아이가 쉽게 찾을 수 있는 문제이지만, 혹시 쉽게 떠올리지 못할 경우에는 글의 처음 부분을 다시 한 번 읽어 보면서 파악할 수 있도록 지도해 주세요.

2. 글의 내용을 이해했는지 파악하는 문제입니다. 이 글은 여러 가지 색깔을 혼합하면서 색깔의 변화를 알아보기 위한 글입니다. 먼저 주어졌던 크레파스의 색깔을 찾아보는 학습은 글의 내용을 이해함과 더불어 다른 색을 만들 수 있는 기본 색을 이해하기 위한 것입니다. 아이가 답을 찾고 나서 색의 기본색도 이해할 수 있도록 지도해 주세요.

3. 글의 내용을 파악하는 문제입니다. 독해력을 향상시키는 좋은 방법은 책을 읽고 나서 쉬운 내용들을 정확히 이해하는 것입니다. 문제는 단순하고 쉬울 수 있지만, 중요 사건의 기본이 되는 내용이므로, 아이가 내용을 잘 떠올릴 수 있도록 지도해 주세요.

4. 글의 중심 내용을 파악하는 동시에, 색의 혼합 원리도 알아보는 문제입니다. 세 가지 색깔로 일곱 색깔을 만들었다는 중심 내용을 떠올려 보면서, 구체적으로 어떤 색깔들을 어떻게 만들었는지 말해 보게 하세요. 색의 혼합에 대해 처음 접한 아이라면, 쉽게 찾지 못할 수도 있으므로, 해당되는 내용을 다시 한 번 읽어 보면서 이해할 수 있도록 지도해 주세요.

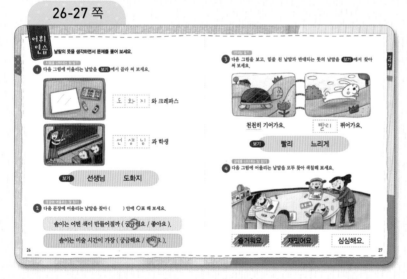

1. 사물의 이름을 알아보는 문제입니다. 그림을 보면서 해당되는 사물의 이름을 정확히 알고 쓸 수 있는지 확인할 수 있습니다. 더불어 짝이 되는 다른 사물도 함께 이해할 수 있도록 지도해 주세요.

2. 문장에 어울리는 낱말을 알아보는 문제입니다. 문장을 읽어 보고, 내용의 흐름상 어울리는 낱말을 찾아 봅니다. 두 문장에 똑같은 낱말을 제시하였으므로, 두 낱말의 뜻도 구별해 볼 수 있도록 지도해 주세요.

3. 반대말을 알아보는 문제입니다. 천천히 기어가는 거북과 빨리 뛰어가는 토끼의 동작을 파악한 뒤, '천천히'에 반대되는 '빨리'를 찾을 수 있도록 지도해 주세요. 더불어 틀린 답으로 제시된 '느리게'가 '천천히'와 비슷한 뜻을 가진 낱말이라는 것도 확인하면 좋습니다.

4. 그림 속 아이들의 모습과 표정을 살펴보면서 어울리는 낱말을 알아보는 문제입니다. 상태를 표현하는 말은 매우 많습니다. 그중에서 상황에 적합한 낱말을 찾아내는 것은 독해력을 향상시킬 수 있는 방법이 됩니다. 아이가 그림의 내용을 이해하고, 어울리는 낱말을 모두 찾을 수 있도록 지도해 주세요.

1. 견학을 간 장소(대상)를 알아보는 문제입니다. 견학 기록문은 전시회 등 다양한 장소에 다녀와서 경험하거나 느낀 점을 쓴 글입니다. 이 글은 색깔 놀이터에 다녀와서 쓴 글입니다. 대부분의 견학 기록문처럼 글의 처음 부분에 장소가 나와 있습니다. 아이가 이 부분을 정확히 파악할 수 있도록 지도해 주세요.

2. 글의 중심 내용을 알아보는 문제입니다. 색깔 놀이터에 갔던 글쓴이가 경험한 일을 모두 찾아보는 활동입니다. 견학 기록문을 읽을 때에는 무엇보다 글쓴이가 어떤 경험을 했는지를 정확히 파악하는 것이 중요합니다. 아이가 글쓴이가 한 경험을 떠올리며 답을 찾을 수 있도록 지도해 주세요.

3. 글의 세부 내용을 알아보는 문제입니다. 견학한 곳의 특정 장소에서 한 일을 찾아보는 활동입니다. 글을 한 번 읽고 정확한 장소의 명칭이나 한 일을 구별해서 답을 찾는 일은 어렵습니다. 해당되는 부분을 다시 한 번 읽어 보면서 답을 찾을 수 있도록 지도해 주세요.

4. 글쓴이가 견학하고 난 뒤에 생각한 점을 알아보는 문제입니다. 견학 기록문에는 반드시 견학한 내용과 더불어 견학하면서 생각하거나 느낀 점을 써야 합니다. 글의 중간에도 나오지만, 보통은 견학을 마친 다음 글의 끝부분에 많이 나옵니다. 이 글에서 글쓴이도 글의 끝부분에 생각한 점을 썼습니다.

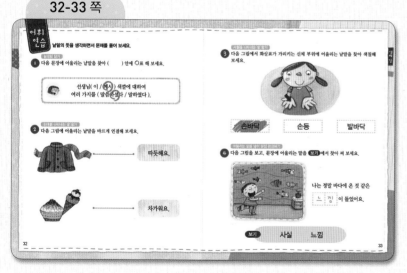

1. 높임말을 알아보는 문제입니다. 아직 높임말에 서툰 아이에게 어려운 활동일 수 있습니다. 답을 찾기 어려워하는 경우, 해당 부분의 글을 다시 한 번 읽어 보게 해도 좋습니다. 더불어 선생님이나 부모님, 할머니, 할아버지 같은 웃어른께는 높임말을 써야 한다는 것을 이해할 수 있도록 지도해 주세요.

2. 반대되는 뜻을 가진 낱말을 알아보는 문제입니다. '따뜻해요'와 '차가워요'는 일상생활에서 많이 사용되는 상태를 나타내는 말입니다. 낱말의 뜻을 정확히 이해하고 생활하면서 자연스럽게 적용할 수 있도록 지도해 주세요.

3. 우리 몸을 가리키는 낱말을 알아보는 문제입니다. 이러한 낱말은 말로는 표현할 수 있어도 정확한 글자를 찾는 것은 어려울 수 있습니다. 신체 부위의 정확한 명칭과 글자 모양을 바르게 알 수 있도록 지도해 주세요.

4. 그림에 어울리는 낱말을 찾아 쓰는 문제입니다. 그림의 내용을 보고, 앞에서 읽은 글의 내용을 떠올린다면 쉽게 찾을 수 있습니다. 그러나 '느낌'이라는 말과 '사실'이라는 말은 아이에게 다소 어려울 수 있는 낱말입니다. 초등학교 국어 교과에서 많이 나오는 표현이므로, 어렵더라도 그 뜻을 정확히 이해할 수 있도록 지도해 주세요.

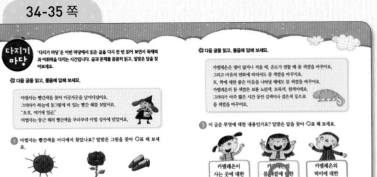

1. 중심인물이 한 일을 알아보는 문제입니다. 마법사가 빨간 색을 어디에서 찾았는지 찾아보면서 글의 중심 내용도 자연스럽게 이해할 수 있습니다. 주어진 글의 내용을 정확히 이해하고 있는지 판단할 수 있는 문제이므로, 아이 스스로 답을 찾아볼 수 있도록 지도해 주세요.

2. 그림을 보고 꾸며 주는 말을 찾는 문제입니다. 모양을 나타내는 낱말들이 제시되어 있으므로, 좀 더 폭넓게 학습할 수 있습니다. 둥근 해의 그림을 보고 동그랗다는 낱말의 뜻과 모양을 찾을 수 있도록 지도해 주세요.

3. 글의 중심 내용을 알아보는 문제입니다. 주어진 글은 카멜레온에 대해 설명하고 있는데, 그중에서도 카멜레온의 몸 색깔에 대해서 중요하게 다루고 있습니다. 글의 중심 내용을 정확히 이해할 수 있도록 지도해 주세요.

4. 길이를 나타내는 낱말을 알아보는 문제입니다. 더불어 반대말도 알아볼 수 있습니다. 그림을 보면서 '길다'와 '짧다'의 뜻을 이해할 수 있도록 도와주세요.

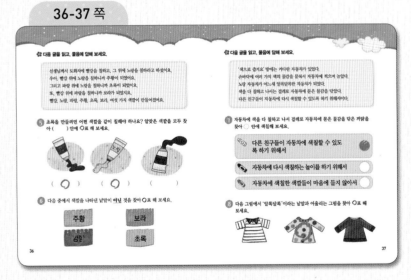

5. 글의 내용을 파악한 뒤, 파악한 내용을 적용해 보는 문제입니다. 주어진 글에서 여러 가지 색의 혼합에 대해 살펴본 뒤에, 문제에서 제시한 '초록'을 만들기 위해 필요한 색깔을 찾아보게 해 주세요. 색의 혼합은 직접 경험해 보는 것이 좋으므로 기회가 된다면 직접 크레파스를 들고 색칠해 보면서 글의 내용을 이해할 수 있도록 도와주세요.

6. 색깔을 표현한 낱말을 알아보는 문제입니다. 아이가 색깔을 표현한 낱말을 정확히 알고 있는지 확인해 보면서 답을 찾을 수 있도록 지도해 주세요.

7. 글의 내용을 알아보는 문제입니다. 글쓴이가 놀이를 하고 나서 정리를 한 까닭을 찾는 활동입니다. 단순히 경험한 일에 그치는 것이 아니라, 그러한 경험을 하게 된 원인을 찾아보면서 글의 전반적인 흐름을 이해할 수 있습니다.

8. '알록달록'은 여러 가지 밝은 빛깔의 점이나 줄 따위가 고르지 아니하게 무늬를 이룬 모양을 뜻합니다. 정확한 낱말의 뜻을 알기보다 '알록달록'이 갖는 의미를 이해하고 그림에서 찾을 수 있는 것이 중요합니다. 이 마당 전체의 제목이기도 한 '알록달록'과 관련 있는 그림을 찾을 수 있도록 지도해 주세요.

놀이 마당

색종이를 접어요

색종이를 접어서 바람개비를 만드는 놀이예요.

✿ 양면 색종이로 바람개비를 만들어 보세요. 그리고 바람개비를 돌리면서 바람개비가 어떤 색으로 변하는지 살펴보세요.

〈준비물〉
양면 색종이, 수수깡(나무젓가락), 압정(침핀), 가위

〈만드는방법〉

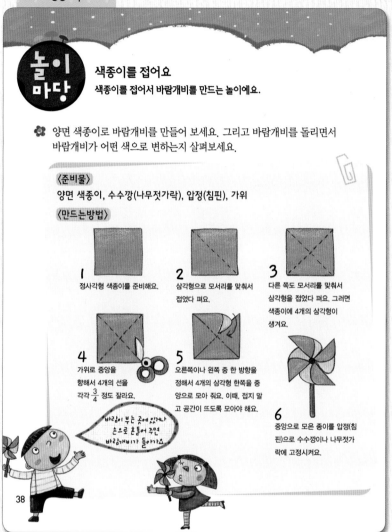

1 정사각형 색종이를 준비해요.

2 삼각형으로 모서리를 맞춰서 접었다 펴요.

3 다른 쪽도 모서리를 맞춰서 삼각형을 접었다 펴요. 그러면 색종이에 4개의 삼각형이 생겨요.

4 가위로 중앙을 향해서 4개의 선을 각각 $\frac{3}{4}$ 정도 잘라요.

5 오른쪽이나 왼쪽 중 한 방향을 정해서 4개의 삼각형 한쪽을 중앙으로 모아 줘요. 이때, 접지 말고 공간이 뜨도록 모아야 해요.

6 중앙으로 모은 종이를 압정(침핀)으로 수수깡이나 나무젓가락에 고정시켜요.

바람이 부는 곳에 있거나 손으로 흔들어 주면 바람개비가 돌아가요.

38

● 이 놀이 마당은 바람개비를 만들어 보면서 색의 혼합 원리를 알아보는 활동입니다.

바람개비는 아이들이 쉽게 만들어 가지고 놀 수 있는 재미있는 장난감입니다. 장난감을 직접 만들어서 가지고 놀면 아이가 더 흥미를 느낄 수 있습니다.
더불어 두 가지 색깔을 가진 바람개비를 바람의 힘으로 돌려 보면서 색깔이 혼합되어 다른 색깔로 변하는 신기한 모습에 학습 효과도 높일 수 있습니다.
초등학교 저학년 즐거운 생활의 공작 활동이나 슬기로운 생활의 바람의 원리를 이해하는 활동 등과 직접적인 관련이 있어 선행 학습의 효과도 동시에 얻을 수 있습니다.

만들기가 서툰 아이라면 부모님께서 도움을 주시되, 아이가 최대한 많은 부분에 참여할 수 있도록 해 주세요. 그리고 색종이를 스스로 골라 보면서 색깔의 혼합에 대한 궁금증도 해소할 수 있도록 지도해 주세요. 아이의 미적 감각을 키울 수 있는 좋은 기회도 될 것입니다.

44-45 쪽

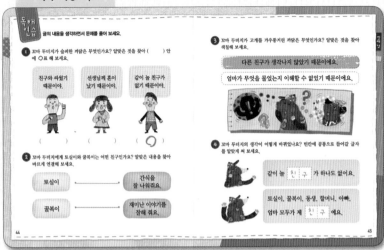

1. 글의 내용을 정확하게 이해하는 문제입니다. 엄마가 꼬마 두더지에게 시무룩한 까닭을 묻자 같이 놀 친구가 없기 때문이라고 말하였습니다. 아이가 꼬마 두더지라면 어떤 기분일지 상상해 보게 하면서 글의 내용을 잘 이해할 수 있도록 지도해 주세요.

2. 글의 내용을 정확하게 파악하는 문제입니다. 꼬마 두더지가 토실이와 꿀복이의 어떤 행동 때문에 친구라고 생각하고 있는지를 파악할 수 있도록 지도해 주세요.

3. 중심인물이 한 행동을 이해하는 문제입니다. '갸우뚱거리다'는 물체가 자꾸 이쪽저쪽으로 기울어지며 흔들리거나 또는 그렇게 하다는 뜻입니다. 꼬마 두더지는 다른 친구가 없느냐는 엄마의 질문에 다른 친구가 생각나지 않아 고개를 갸우뚱거린 것이라는 것을 이해할 수 있도록 지도해 주세요.

4. 글의 중심 생각을 이해하는 문제입니다. 이 글은 친구는 꼭 같은 또래의 아이뿐만 아니라 가족이나 이웃, 동물도 친구가 될 수 있다는 것을 알려 줍니다. 아이가 이 글의 의도를 이해할 수 있도록 지도해 주세요.

46-47 쪽

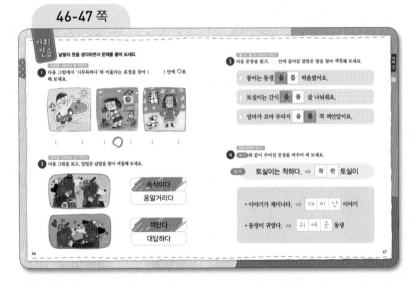

1. '시무룩하다'는 어떤 일이 못마땅하여 얼굴빛이 어둡다는 뜻의 낱말입니다. 글에서 '시무룩하다'가 어떤 부분에 쓰였는지 찾아 읽어 보고, 그 모습이 잘 표현된 그림을 찾을 수 있도록 지도해 주세요.

2. '속삭이다'는 귓속말로 가만가만 말한다는 뜻이고, '옹알거리다'는 아직 말을 못하는 아기가 분명하지 않은 말로 자꾸 중얼거린다는 뜻입니다. '껴안다'는 두 팔로 감싸 안다는 뜻이고, '대답하다'는 묻는 말이나 부르는 소리에 답하여 말한다는 뜻입니다. 글에서 '속삭이다'와 '껴안다'가 어떤 부분에 쓰였는지 찾아 읽어 보고, 문제에 제시된 그림을 살펴보도록 합니다. 특히 인물들의 행동을 잘 관찰하여 답을 고를 수 있도록 지도해 주세요.

3. '을'과 '를'은 어떤 행동의 대상을 나타내는 말입니다. '을'은 받침이 있는 낱말 뒤에, '를'은 받침이 없는 낱말 뒤에 붙는다는 차이점이 있습니다. 문제를 푼 뒤에 '사과를 먹다', '아이스크림을 사다' 등 여러 가지 예를 들어 아이가 이러한 차이점을 이해할 수 있도록 지도해 주세요.

4. 상태를 나타내는 말을 꾸며 주는 말로 바꾸어 쓰는 문제입니다. 〈보기〉를 잘 보고, 아이가 스스로 바꾸어 쓸 수 있도록 지도해 주세요. 그리고 '빠른 치타'처럼 꾸며 주는 말을 넣어 동물의 특성을 표현해 보도록 해 보세요.

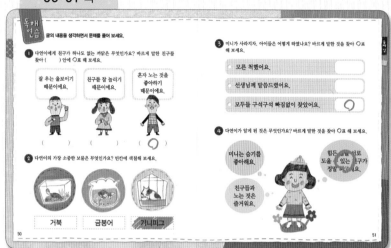

1. 글의 내용을 정확하게 파악하는 문제입니다. 글의 첫 번째 문장에 다연이에게 친구가 하나도 없는 까닭이 직접 나타나 있습니다. 아이가 알맞은 답을 고르지 못하면 이 문제와 관련된 부분을 다시 읽고 내용을 정확하게 이해할 수 있도록 지도해 주세요.

2. 글의 내용을 정확하게 파악하는 문제입니다. 아빠가 들고 오신 기니피그는 어느새 다연이의 가장 소중한 보물이 되었습니다. 이 기니피그는 사건이 일어나게 만드는 중요한 글감임을 알 수 있도록 지도해 주세요.

3. 중심인물이 처한 상황과 주변 인물이 한 행동을 파악하는 문제입니다. 기니피그가 사라진 후 다연이가 눈물을 흘리자, 친구들이 서로 찾아 주겠다고 나섭니다. 친구들의 행동을 본 다연이의 기분은 어떠했을지 생각해 보고, 혼자 놀기 좋아하는 다연이가 친구가 최고라는 생각을 하게 되는 과정을 이해할 수 있도록 지도해 주세요.

4. 글의 중심 생각을 이해하는 문제입니다. 다연이는 기니피그가 사라지는 사건을 통해 힘든 일을 서로 도울 수 있는 친구가 정말 최고라는 것을 알게 됩니다. 이 외에 친구의 좋은 점을 말하게 함으로써 친구의 필요성을 느낄 수 있도록 지도해 주세요.

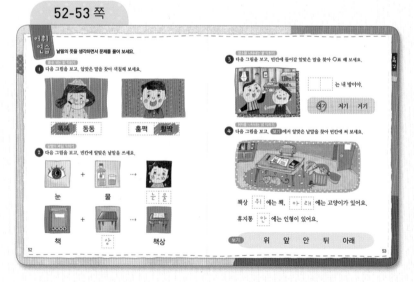

1. '똑똑'은 작은 물체나 물방울 같은 것이 가볍게 떨어지는 소리나 그 모양을, '동동'은 작고 가벼운 것이 물에 떠 있는 모양을 흉내 내는 말입니다. '활짝'은 얼굴 한가득 밝게 웃는 모양을, '훌쩍'은 콧물이나 국물을 한 번 들이마시는 소리나 그 모양을 흉내 내는 말입니다. '아기 오리가 동동', '자꾸 코를 훌쩍댄다.' 등의 예를 들어서 아이가 낱말의 뜻을 구별할 수 있도록 지도해 주세요.

2. 둘 이상의 낱말이 합쳐져서 하나의 낱말이 되는 말에 관한 문제입니다. '눈물, 책상'뿐만 아니라 어휘 학습에 흥미를 가질 수 있도록 '집안, 돌다리' 등 가능한 많은 예를 찾아 지도해 주세요.

3. 장소를 나타내는 말을 익히는 문제입니다. 말하는 사람을 기준으로 '여기'는 말하는 사람에게 가까운 곳, '거기'는 듣는 사람에게 가까운 곳, '저기'는 말하는 사람과 듣는 사람으로부터 먼 곳을 가리키는 말이라는 것을 이해할 수 있도록 지도해 주세요.

4. 위치를 나타내는 말을 익히는 문제입니다. 위와 아래, 안과 밖, 앞과 뒤가 서로 반대되는 낱말입니다. '식탁 위에는 무엇이 있니? 블록은 어디에 있니?'와 같이 아이 방이나 집 주변에 있는 사물을 이용하여 위치를 말해 봄으로써 위치를 잘 이해할 수 있도록 지도해 주세요.

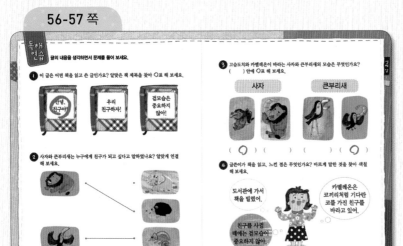

1. 글의 소재와 특징을 파악하는 문제입니다. 이 글은 "안녕, 친구야!"라는 책을 읽고 쓴 독서 감상문입니다. 독서 감상문을 읽을 때에는 가장 먼저 어떤 책을 읽고 쓴 글인지 파악해야 합니다. 그리고 아이가 글의 제목과 책의 제목을 혼동하지 않도록 지도해 주세요.

2. 글의 내용을 정확하게 파악하는 문제입니다. 사자는 고슴도치에게, 큰부리새는 카멜레온이랑 친구가 되고 싶다고 말합니다. 이 글에 제시되지는 않았지만 고슴도치와 카멜레온이 한 말을 통해 누구와 친구가 되고 싶어 하는지 알 수 있으므로 그 점도 생각해 볼 수 있도록 지도해 주세요.

3. 글의 내용을 정확하게 파악하는 문제입니다. 고슴도치는 큰부리새의 커다란 부리와 날개를 달고 있는 사자와 카멜레온은 코끼리의 기다란 코를 가진 큰부리새와 친구가 되기를 바랍니다. 이 외에 친구가 바라는 고슴도치와 카멜레온의 모습은 무엇일지 상상해 볼 수 있도록 지도해 주세요.

4. 글의 내용을 구별하는 문제입니다. 독서 감상문에는 책을 읽게 된 동기, 책의 내용, 글쓴이의 생각이나 느낌 등이 나타납니다. 도서관에 가서 책을 빌렸다는 것은 책을 읽게 된 동기이고, 카멜레온이 코끼리처럼 기다란 코를 가진 친구를 바란다는 것은 책의 내용입니다. 그리고 친구를 사귈 때에는 겉모습이 중요하지 않다는 것은 글쓴이의 느낌입니다. 아이가 이것을 구별할 수 있도록 지도해 주세요.

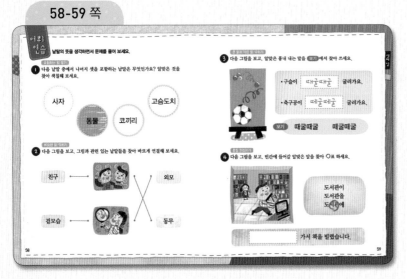

1. 다른 낱말을 포함하는 낱말을 찾아 쓰는 문제입니다. 아이가 이 포함 관계를 이해할 수 있도록 동물뿐만 아니라 식물, 가구, 옷, 신발 등의 예를 통해 포함되는 낱말과 포함하는 낱말을 찾아보도록 지도해 주세요.

2. 비슷한 낱말을 익히는 문제입니다. '친구'와 비슷한 뜻을 가진 낱말에는 '동무, 벗, 교우' 등이 있고, '겉모습'과 비슷한 뜻을 가진 낱말에는 '외모, 외양, 외관' 등이 있습니다. 하나의 사물에 하나 이상의 이름이 있을 수 있다는 것을 지도해 주세요.

3. 모양을 흉내 내는 말의 느낌을 익히는 문제입니다. '때굴때굴'은 작은 물건이, '떼굴떼굴'은 큰 물건이 자꾸 구르는 모양을 나타냅니다. 흉내 내는 말의 느낌을 살려 읽으면서, 크고 작은 느낌의 차이를 알 수 있도록 지도해 주세요.

4. '이', '을', '에' 중에서 어울리는 말을 찾는 문제입니다. 아이가 한 번에 고르지 못할 경우에는 제시된 각각의 낱말을 넣어서 문장을 읽어 보고, 자연스럽게 읽히는 것을 찾을 수 있도록 지도해 주세요.

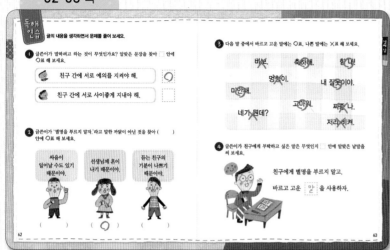

1. 글쓴이의 의견을 파악하는 문제입니다. 글의 끝부분에 보면 글쓴이는 가까운 사이일수록 서로 예의를 지켜야 한다고 말하고 있습니다. 이와 같이 글쓴이의 의견이나 주장은 글의 처음이나 끝 부분에 오는 경우가 많습니다.

2. 주장에 대한 근거를 파악하는 문제입니다. 이 글에서 글쓴이는 두 가지 근거를 들어 별명을 부르지 말자고 주장합니다. 아이가 별명을 부르지 말자는 주장에 대한 다른 근거도 찾을 수 있도록 지도해 주세요.

3. 글의 내용을 정확하게 파악하는 문제입니다. 글쓴이는 친구 간에 예의를 지키기 위해서 바르고 고운 말을 사용하자고 하였습니다. 나쁜 말은 기분을 상하게 하는 말이고, 바르고 고운 말은 기분을 좋게 하는 말이라는 것을 이해하고 '잘했어.', '사랑해.', '반가워.' 등 기분을 좋게 하는 말을 사용할 수 있도록 지도해 주세요.

4. 글의 중심 생각을 이해하는 문제입니다. 주장하는 글은 글을 쓰는 목적이 분명한 글입니다. 글쓴이가 친구에게 어떤 부탁을 하고 싶어서 이 글을 썼는지, 또 그러한 주장을 하는 까닭이 무엇인지 정확하게 이해할 수 있도록 지도해 주세요.

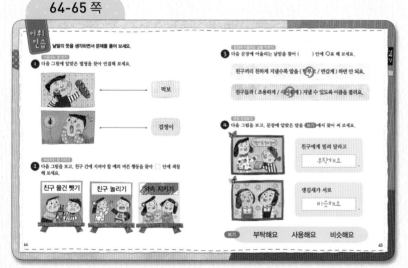

1. 그림이 나타내는 별명을 찾아 연결해 보는 문제입니다. '먹보', '겁쟁이'는 친구가 들었을 때 기분이 나쁜 별명이므로 별명을 부르지 않아야 한다는 점을 생각해 볼 수 있도록 지도해 주세요.

2. 친구 간에 지켜야 할 예의 바른 행동을 찾는 문제입니다. 각 그림의 내용이 어떤 상황인지 알려 주세요. 그리고 '약속 지키기' 외에도 '서로 양보하기', '반갑게 인사하기', '친구 도와주기' 등 친구 간에 지켜야 할 예의 바른 행동에 대하여 말할 수 있도록 지도해 주세요.

3. 문장에 어울리는 낱말을 찾아보는 문제입니다. 아이가 각각의 낱말을 넣어서 문장을 읽었을 때 자연스럽게 읽히는 것을 고를 수 있도록 합니다. 그리고 '함부로'는 글에서 다시 한 번 찾아 읽고 뜻을 정확하게 이해할 수 있도록 지도해 주세요.

4. 알맞은 말을 넣어 문장을 완성하는 문제입니다. 각 그림의 내용을 잘 살펴보고, 〈보기〉에서 알맞은 낱말을 고를 수 있도록 합니다. 한 번에 고르지 못하면 〈보기〉에 나오는 각각의 낱말을 넣어서 문장을 읽어 보고, 자연스럽게 읽히는 것을 찾을 수 있도록 지도해 주세요.

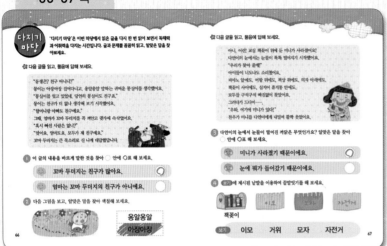

1. 주어진 글의 전체 내용을 정확하게 이해하는 문제입니다. 주어진 글은 동생도 엄마, 아빠도, 할머니도 모두 꼬마 두더지의 친구라는 내용입니다. 친구란 가깝게 오래 사귄 사람으로 같은 또래 친구뿐만 아니라 나이와 상관없이 누구와도 친구가 될 수 있다는 것을 알 수 있도록 지도해 주세요.

2. '옹알옹알'은 아직 말을 못하는 아이가 분명하지 않은 말로 자꾸 중얼거리는 소리. 또는 그 모양을, '아장아장'은 어린아이나 작은 짐승이 뒤뚱거리면서 천천히 걷는 모양을 흉내 내는 말입니다. 어떤 상황인지 그림의 내용을 잘 살펴본 후 아이가 알맞은 흉내 내는 말을 찾을 수 있도록 지도해 주세요.

3. 글의 내용을 정확하게 파악하는 문제입니다. 미니가 사라진 후 다연이는 눈에서 눈물이 떨어진 것을 통해 다연이가 운 까닭을 알 수 있습니다. 문제를 잘 풀지 못하면 '다연이의~시작했어요.'라는 문장의 앞뒤 부분을 다시 한 번 꼼꼼히 읽을 수 있도록 지도해 주세요.

4. 끝말잇기를 통해 어휘력을 향상시키기 위한 활동입니다. 〈보기〉의 낱말 외에도 '이사-사과-과자', '이야기-기차-차도', '이비인후과-과일-일기' 등과 같이 다른 낱말을 다양하게 활용하여 끝말잇기를 할 수 있도록 지도해 주세요.

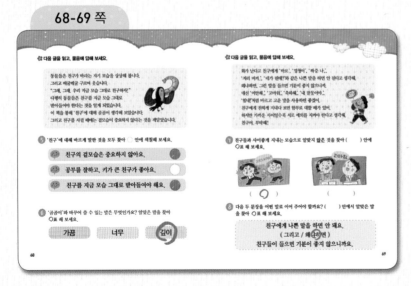

5. 주어진 글의 전체 내용을 정확하게 이해하는 문제입니다. 주어진 글은 친구를 지금 모습 그대로 사귀어야 한다는 내용입니다. 친구를 사귈 때는 겉모습이 중요하지 않다는 것을 다시 한 번 확인할 수 있도록 지도해 주세요.

6. 비슷한 말을 익히는 문제입니다. '곰곰이'는 여러모로 깊이 생각하는 모양을 나타내는 말입니다. 아이가 문제를 쉽게 풀지 못하면 글에서 '곰곰이'가 들어 있는 부분을 찾아 주어진 낱말들로 바꾸어 읽어 보게 하고, 자연스럽게 읽히는 것을 찾을 수 있도록 지도해 주세요.

7. 주어진 글의 전체 내용을 정확하게 이해하는 문제입니다. 글쓴이는 별명을 부르지 말고 바르고 고운 말을 사용하자고 부탁하고 있습니다. 그림의 내용과 말을 잘 살펴본 후 아이가 나쁜 말을 사용하는 모습을 찾을 수 있도록 지도해 주세요.

8. 알맞은 이어 주는 말을 찾아보는 문제입니다. '왜냐하면'은 '왜 그러냐 하면'을 줄인 말로 어떤 일의 원인이나 까닭을 설명할 때 쓰입니다. 이어 주는 말은 아직 아이들이 이해하기 어려우므로 이어 주는 말의 뜻을 정확하게 이해시키기보다, 각각의 이어 주는 말을 넣어서 문장을 이어 읽었을 때 자연스럽게 읽히는 것을 고를 수 있도록 지도해 주세요.

놀이마당

숨은 글자를 찾아요
색칠을 해서 나타난 글자를 알아보는 놀이예요.

🌸 아래의 그림 중 ♡표시를 찾아 색칠해 보세요. 어떤 글자가 나타났나요?
글자를 적어 보세요.

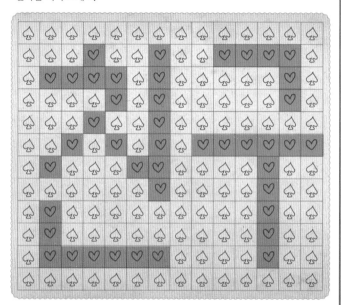

🚚 나타난 글자는 　　친구　　 예요.

70

● 이 놀이 마당은 이 마당의 중심 글감에 대해 다시 한 번 확
인하면서 '친구'라는 글자를 찾아 색칠해 보는 활동입니다.

♡표시를 찾아 색칠하면 그림과 같이 '친구'라는 글자가
나타납니다.
아이가 여러가지 색깔로 직접 색칠해서 친구라는 글자를
찾을 수 있도록 해 주세요. 그리고 이 마당의 주제인 친구
의 진정한 의미와 친구의 소중함에 대해 다시 한 번 생각
해 볼 수 있도록 이야기를 나누어 보세요.

76-77 쪽

1. 글의 중심 사건을 파악하는 문제입니다. 이 글은 숲 속 동물 마을의 대표를 뽑기 위해서 동물들이 까닭을 들어 자기 의견을 말하는 이야기입니다. 글의 처음에 오늘은 무엇을 하는 날인지 나타나 있습니다. 아이가 답을 찾지 못하면 처음 부분을 다시 한 번 읽도록 지도해 주세요.

2. 중심인물의 의견을 알아보는 문제입니다. 아기 토끼는 마을 대표에게 마을을 사랑하는 마음보다 더 중요한 것이 없다고 말하고, 호랑이는 마을 대표가 힘이 세야 마을의 힘든 일도 척척 할 수 있다고 말합니다. 이 문제와 관련된 부분을 다시 읽고 내용을 정확하게 이해할 수 있도록 지도해 주세요.

3. 주변 인물이 한 행동을 파악하는 문제입니다. '생각에 잠기다'는 생각에 온통 빠진다는 뜻입니다. 다른 동물들이 거북 할아버지, 아기 토끼, 호랑이, 여우 중 어떤 동물이 마을의 대표가 되어야 할지 결정을 내리지 못하고 고민하고 있음을 짐작할 수 있습니다. 아이가 직접적으로 드러나지 않은 내용도 잘 이해할 수 있도록 지도해 주세요.

4. 글의 중요한 내용을 짚어 보는 문제입니다. 동물들이 어떤 까닭을 들어 자기가 마을 대표가 되어야 한다고 말하는지 의견과 그 까닭을 정확하게 정리할 수 있도록 지도해 주세요.

78-79 쪽

1. 흉내 내는 말의 뜻을 정확하게 이해하는 문제입니다. '끄덕끄덕'은 그렇다는 뜻으로 고개를 아래위로 움직이는 모양을 흉내 내는 낱말입니다. 글에서 '끄덕끄덕'이 어떤 부분에 쓰였는지 찾아 읽어 보고, 머리를 옆으로 자꾸 흔드는 모양을 흉내 내는 낱말인 '절레절레'와의 차이를 알 수 있도록 지도해 주세요.

2. 추상적인 낱말의 뜻을 정확하게 이해하는 문제입니다. '반장'은 학교에서 반을 대표하는 사람, '사장'은 회사를 대표하는 사람, '대통령'은 나라를 대표하는 사람이지만, '엄마'는 가정을 대표하는 사람이 아니라 가족의 구성원입니다. 아이가 대표의 의미를 정확하게 이해할 수 있도록 지도해 주세요.

3. 알맞은 이어 주는 말을 찾는 문제입니다. '하지만'은 서로 반대되는 상황인 두 문장을 이어 주는 말이고, '그래서'는 원인과 결과를 나타내는 문장을 이어 주는 말입니다. 이어 주는 말의 뜻을 정확하게 이해시키기보다, 아이가 각각의 이어 주는 말을 넣어 두 문장을 읽어 보고, 자연스럽게 읽히는 것을 고를 수 있도록 지도해 주세요.

4. 서술어를 넣어 문장을 완성하는 문제입니다. 각 그림의 내용을 잘 살펴보고, 알맞은 낱말을 고를 수 있도록 합니다. '세다-약하다', '똑똑하다-멍청하다'가 서로 반대되는 표현임을 알 수 있도록 지도해 주세요.

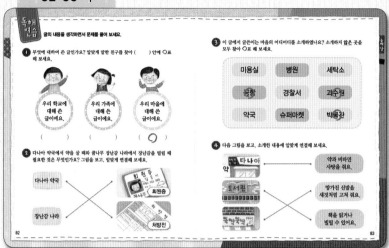

1. 글의 중심 글감을 파악하는 문제입니다. 소개하는 글에서는 제목에 중심 글감이 나타나는 경우가 많습니다. 이 글도 '우리 마을로 놀러 오세요'라는 제목에서 알 수 있듯이 마을에 대해 소개한 글입니다. 아이가 글을 읽을 때 글의 제목에도 관심을 가질 수 있도록 지도해 주세요.

2. 글의 내용을 정확하게 파악하는 문제입니다. 약국에서 약을 살 때는 처방전이, 장난감 나라에서 장난감을 빌릴 때는 회원증이 필요하다고 하였습니다. 아이가 처방전과 회원증의 뜻을 정확하게 알고 문제를 풀 수 있도록 지도해 주세요.

3. 글의 내용을 정확하게 파악하는 문제입니다. 글쓴이는 글에서 약국, 구두 수선 집, 장난감 나라와 도서관, 슈퍼마켓, 병원, 미용실, 세탁소, 경찰서를 소개하고 있습니다. 글을 다시 한 번 읽어 보고, 문제를 해결할 수 있도록 지도해 주세요.

4. 글의 중요한 내용을 짚어 보는 문제입니다. 글에서 약국, 도서관, 구두 수선집을 소개한 내용을 떠올려 보도록 해 주세요.

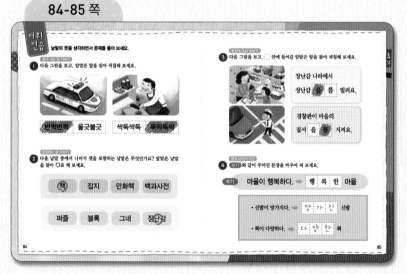

1. 흉내 내는 말의 뜻을 정확하게 이해하는 문제입니다. '번쩍번쩍'은 빛이 잠깐 나타났다가 사라지는 모양을, '울긋불긋'은 여러 빛깔이 화사하게 한데 뒤섞여 있는 모양을 흉내 내는 말입니다. 그리고 '뚝딱뚝딱'은 단단한 물건을 두드리는 소리를, '싹둑싹둑'은 어떤 것을 단번에 베거나 자르는 소리, 또는 그 모양을 흉내 내는 말입니다.

2. 포함 관계에 있는 낱말을 이해하는 문제입니다. '책'은 잡지, 만화책, 백과사전처럼 어떤 생각, 감정, 지식 들을 담은 글이나 그림 들을 인쇄하여 묶어 놓은 것이고, '장난감'은 퍼즐, 블록, 그네처럼 어린아이들이 가지고 노는 물건을 뜻하는 말입니다. 아이가 보다 큰 의미를 가진 낱말과 그것에 속하는 종류의 낱말을 구별할 수 있도록 지도해 주세요.

3. '을'과 '를'의 쓰임을 이해하는 문제입니다. '을'과 '를'은 어떤 행동의 대상이나 장소임을 나타내는 말입니다. 그런데 '을'은 받침 있는 낱말 뒤에 붙고, '를'은 받침 없는 낱말 뒤에 붙는다는 차이점이 있습니다.

4. 서술어를 꾸며 주는 말로 바꾸어 쓰는 문제입니다. 〈보기〉를 잘 보고, 아이가 스스로 바꾸어 쓸 수 있도록 지도해 주세요. 그리고 '네모난 공책', '길쭉한 오이'처럼 꾸며 주는 말을 넣어 주변 물건의 특성을 표현해 보도록 해 보세요.

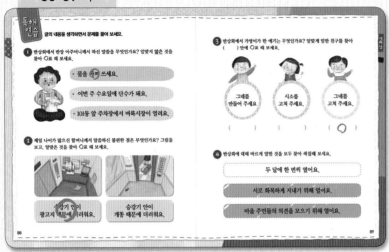

1. 인물이 한 말을 정확하게 파악하는 문제입니다. 반상회에서 반장 아주머니는 단수와 벼룩시장에 대해 말씀하셨습니다. 아이가 문제를 잘 풀지 못하면 이 문제와 관련된 부분을 다시 한 번 꼼꼼히 읽을 수 있도록 지도해 주세요.

2. 인물의 의견을 정확하게 파악하는 문제입니다. 할머니께서는 승강기 안이나 현관문 앞이 광고지 때문에 더러우니 광고지를 정해진 장소에 붙이자는 의견을 내놓으셨습니다. 아이가 문제를 잘 풀지 못하면 이 문제와 관련된 부분을 다시 한 번 읽고, 문제를 풀 수 있도록 지도해 주세요.

3. 인물의 의견을 정확하게 파악하는 문제입니다. 가영이는 놀이터에서 망가진 그네를 보고 그네를 고쳐 달라고 말했습니다. 아이가 이 문제와 관련된 부분을 읽고, 인물이 어떤 의견을 냈는지 정확하게 알 수 있도록 지도해 주세요.

4. 글의 중심 생각을 이해하는 문제입니다. 이 글은 아파트에서 열린 반상회를 통해 마을 사람들이 함께 살아가는 모습을 알려 주는 이야기입니다. 아이가 글의 의도를 정확하게 이해할 수 있도록 지도해 주세요.

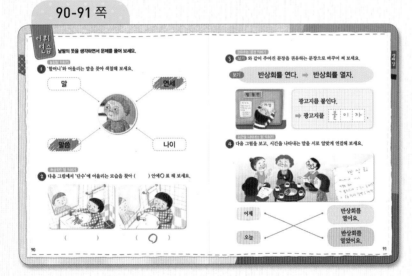

1. 높임말을 찾아보는 문제입니다. '말씀'은 '말'을 높여 이르는 말이고, '연세'는 '나이'를 높여 이르는 말입니다. 아이가 예사말과 높임말을 구별할 수 있도록 지도해 주세요.

2. 추상적인 낱말의 뜻을 정확하게 이해하는 문제입니다. '단수'는 수돗물이 나오지 않게 끊기는 것을 뜻하는 낱말입니다. 주어진 그림은 수돗물이 안 나와 울상 짓는 모습입니다. 단수가 되면, 수돗물이 나오지 않는다는 것을 아이가 자연스럽게 이해할 수 있도록 지도해 주세요.

3. 풀이하는 문장을 권유하는 문장으로 바꾸어 써 보는 문제입니다. 권유하는 문장은 같이 행동할 것을 권하는 문장으로 '청유문'이라고도 합니다. 보통 권유하는 문장은 '~자'로 끝을 맺습니다. '목욕하자', '운동하자', '공부하자' 등 생활 속에서 흔히 듣는 권유하는 문장을 생각해 보게 함으로써 권유하는 문장에 대해 정확히 알 수 있도록 지도해 주세요.

4. 시간을 나타내는 말을 알아보는 문제입니다. '오늘'은 지금 지나가고 있는 이날이고, '어제'는 오늘의 전날입니다. '어제'는 '-았-' 또는 '-었-'과 같은 사건이 이미 일어났음을 의미하는 어미를 사용합니다. 생활 속에서 흔히 쓰는 말이지만, 다시 한 번 정확히 지도해 주세요.

94-95 쪽

1. 글의 글감과 특징을 파악하는 문제입니다. 이 글은 "이웃 사촌"라는 책을 읽고 쓴 독서 감상문입니다. 독서 감상문을 읽을 때에는 가장 먼저 어떤 책을 읽고 쓴 글인지 파악하도록 합니다. 그리고 아이가 글의 제목과 책의 제목을 혼동하지 않도록 지도해 주세요.

2. 글의 내용을 정확하게 파악하는 문제입니다. 독서 감상문에는 읽은 책의 내용이 나타나 있습니다. 이 글의 가운데 부분에서 책의 주인공인 브랭과 그리주가 쓰레기, 큰 라디오 소리 등 사소한 일에 화를 내면서 사이가 나빠졌다고 하였습니다. 아이가 큰 목소리와 큰 라디오 소리를 혼동하지 않도록 지도해 주세요.

3. 글의 내용을 정확하게 이해하는 문제입니다. 글쓴이는 밤 늦게 악기를 연주하거나 애완동물의 목줄을 매지 않는 것은 이웃에게 피해를 주는 행동이라고 말하였습니다. 아이가 이런 행동이 이웃에게 어떤 피해를 줄지 생각해 보고 문제를 풀 수 있도록 지도해 주세요.

4. 독서 감상문에는 책을 읽게 된 동기, 책의 내용, 글쓴이의 생각이나 느낌 등이 나타납니다. 엄마가 책을 사 주었다는 것은 책을 읽게 된 동기이고, 브랭과 그리주가 힘을 합쳐 여우를 이겨 내고, 다시 사이좋은 이웃이 된다는 것은 읽은 책의 내용입니다. 그리고 이웃과 다정하게 지내기 위해서 서로 도와야 한다는 것은 글쓴이의 느낌입니다. 아이가 이것을 구별할 수 있도록 지도해 주세요.

96-97 쪽

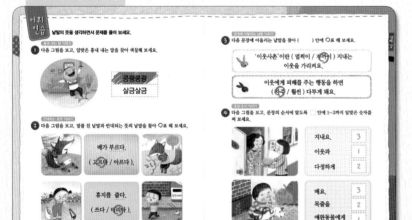

1. 흉내 내는 말의 뜻을 정확하게 이해하는 문제입니다. '쿵쾅쿵쾅'은 발로 마룻바닥을 자꾸 구르거나 뛸 때 울리는 소리를, '살금살금'은 남이 알아차리지 못하게 조용히 움직이는 모양을 흉내 내는 말입니다. 아이가 그림을 보며, 이러한 낱말의 뜻을 잘 이해할 수 있도록 지도해 주세요.

2. 반대되는 표현을 찾는 문제입니다. '부르다'는 많이 먹어서 배 속이 꽉 찬 느낌이 있다는 뜻이고, '고프다'는 배 속이 비어 먹을거리를 먹고 싶다는 뜻입니다. 또 '줍다'는 바닥에 떨어진 것을 집어 든다는 뜻이고, '버리다'는 필요 없는 것을 없애거나 내던지거나 쏟거나 한다는 뜻입니다. 아이가 이러한 표현들을 정확하게 이해할 수 있도록 지도해 주세요.

3. 문장에 어울리는 부사어를 찾아보는 문제입니다. 아이가 각각의 낱말을 넣어서 문장을 읽었을 때 자연스럽게 읽히는 것을 고를 수 있도록 합니다. 그리고 '가까이'와 '멀찍이'는 반대되는 표현이고 '자주'는 횟수가 많게, '훨씬'은 보통보다 많거나 적다는 뜻입니다. 아이가 이러한 낱말들의 차이를 잘 이해할 수 있도록 지도해 주세요.

4. 3어절로 된 문장의 순서를 익히는 활동입니다. 순서를 바로 알도록 한 다음, 문장을 여러 번 읽어 자연스럽게 익힐 수 있도록 지도해 주세요.

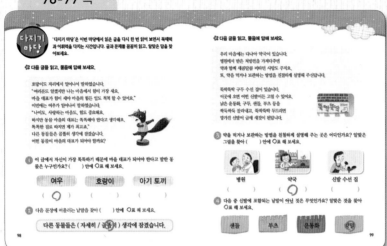

1. 중심인물이 한 말을 알아보는 문제입니다. 여우는 마을의 대표는 똑똑해야 하기 때문에 가장 똑똑한 자신이 마을 대표가 되어야 한다고 말하고 있고, 호랑이는 마을 대표는 힘이 세야 하기 때문에 힘이 가장 센 자신이 마을 대표가 되어야 한다고 말하고 있습니다. 아이가 중심인물들의 의견과 그 까닭을 다시 한 번 꼼꼼히 읽어 보고 정리할 수 있도록 지도해 주세요.

2. 알맞은 부사어를 찾아보는 문제입니다. '자세히'는 '작은 데까지 분명하고 꼼꼼하게'라는 뜻이고, '골똘히'는 '한 가지 일에 온 마음이 쏠리게'라는 뜻입니다. 아이가 한 번에 답을 찾지 못하면 각각의 낱말을 넣어서 문장을 읽었을 때 자연스럽게 읽히는 문장을 찾을 수 있도록 지도해 주세요.

3. 글의 내용을 정확하게 파악하는 문제입니다. 약을 먹거나 보관하는 방법을 설명해 주는 곳은 약국입니다. 아이가 알맞은 답을 고르지 못하면 이 문제와 관련된 부분을 다시 한 번 꼼꼼히 읽을 수 있도록 지도해 주세요.

4. 포함되는 낱말을 찾는 문제입니다. '신발'은 길을 다닐 때 발을 다치지 않게 하려고 신는 것으로 샌들, 부츠, 운동화, 구두 등을 가리킵니다. 아이가 포함하는 낱말과 포함되는 대상의 관계를 이해할 수 있도록 지도해 주세요.

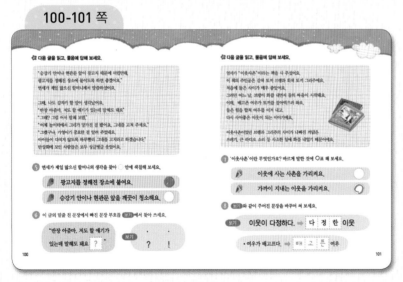

5. 중심인물의 의견을 알아보는 문제입니다. 할머니께서는 광고지 때문에 현관문 앞과 승강기 안이 더러워지자, 광고지를 정해진 장소에 붙이자고 말씀하셨습니다. 아이가 중심인물이 한 말을 꼼꼼히 읽고, 이해할 수 있도록 지도해 주세요.

6. 알맞은 문장 부호를 찾아 쓰는 문제입니다. 부르는 말 뒤에는 반점(,)을, 문장 끝에는 온점(.)을, 묻는 문장의 끝에는 물음표(?)를, 느낌을 나타내는 문장 끝에는 느낌표(!)를 씁니다. 아이가 알맞은 문장 부호를 찾아 정확한 위치에 쓸 수 있도록 지도해 주세요.

7. 글의 내용을 정확하게 파악하는 문제입니다. 이웃사촌은 남남이라도 이웃하여 다정하게 지내면 사촌처럼 친하다는 뜻으로 '사이좋은 이웃'을 이르는 말입니다. 아이가 '이웃사촌'의 정확한 뜻을 알 수 있도록 지도해 주세요.

8. 서술어를 꾸며 주는 말로 바꾸어 쓰는 문제입니다. 〈보기〉를 잘 보고, 아이가 스스로 바꾸어 쓸 수 있도록 지도해 주세요.

놀이마당

이웃과 다정하게 지내요
색깔을 칠하며 이웃과 다정하게 지내기 위한 방법을 알아보는 놀이예요.

✿ 색이 칠해지지 않은 부분을 색칠해 보세요. 그리고 여럿이 함께 사는 데에 있어서 바람직한 모습에 ◯표 해 보세요.

102

● 이 놀이 마당은 색칠 놀이를 하면서 자연스럽게 이웃과 다정하게 지내기 위한 방법을 익히는 활동입니다.

이웃과 다정하게 지내기 위해서는 이웃에게 피해를 주는 행동을 하지 않아야 합니다. 이웃에게 피해를 주지 않기 위해서는 집 안에서 조용히 걸어 다녀야 하고, 텔레비전 이나 오디오 등은 적당한 크기의 소리로 조정하여 틀어야 합니다. 또, 밤늦게는 악기를 연주하거나 너무 시끄럽게 하지 않아야 하며, 애완동물을 키울 때는 애완동물이 큰 소리를 내지 않게 하고, 공공장소에서 애완동물의 배설물 을 잘 치워야 합니다.
그리고 이웃과 다정하게 지내기 위해서는 이웃 사람들에 게 필요한 일이 있을 때 서로 도와주어야 합니다. 이웃끼 리 다정하게 음식을 나누어 먹고 이웃이 어려울 때는 도 와야 합니다.

아이가 이러한 점들을 고려하여 이웃과 함께 사는 데에 있어서 바람직한 모습을 찾을 수 있도록 지도해 주세요.

메모